초등 문해력
향상 프로그램
어휘편

어휘가 보여야
문해력이 자란다

문해력 잡는
초등 어휘력

C-1 단계

· 초등 5~6학년 ·

초등교과서에 나오는 과목별 학습개념어 총망라
★ 문해력 183문제 수록! ★

이울북

문해력의 기본,
왜 초등 어휘력일까?

21세기 교육의 핵심은 문해력입니다. 국어 사전에 따르면, 문해력은 '문자로 된 기록을 읽고 거기 담긴 정보를 이해하는 능력'입니다. 여기에 더해 글을 비판적으로 읽고 자신만의 관점을 가지는 것 역시 문해력이지요. 그러기 위해서는 문장을 이루고 있는 어휘의 뜻을 정확히 알고, 해당 어휘가 글 속에서 어떤 역할을 하고 있는지 깨닫는 과정이 필요합니다.

초등학교 3~4학년 시절 아이들이 배우고 쓰는 어휘량은 7,000~10,000자 정도로 급격하게 늘어납니다. 그중 상당수가 한자어입니다. 그렇기에 학년이 올라가면서 교과서와 참고서, 권장 도서 들을 받아드는 아이들은 혼란스러워 합니다. 해는 태양으로, 바다는 해양으로, 세모는 삼각형으로, 셈은 연산으로 쓰는 경우가 부쩍 늘어납니다. 땅을 지형, 지층, 지상, 지면, 지각처럼 세세하게 나눠진 한자어들로 설명합니다. 분포나 소통, 생태처럼 알 듯 모를 듯한 어려운 단어들이 불쑥불쑥 등장하기 시작합니다.

우리말이니까 그냥 언젠가 이해할 수 있겠지 하며 무시하고 넘어갈 수는 없습니다. 초등학교 시절의 어휘력은 성인까지 이어지니까요. 10살 정도에 '상상하다'나 '귀중하다'와 같이 한자에서 유래한 기본적인 어휘의 습득이 마무리된다는 연구 결과를 내놓은 학자도 있습니다. 반대로 무작정 단어 뜻을 인터넷에서 검색하고 영어 단어를 외우듯이 달달 외우면 해결될까요? 당장 눈에 보이는 단어 뜻은 알 수 있지만 다른 문장, 다른 글 속에 등장한 비슷한 단어의 뜻을 유추하는 능력은 길러지지 않습니다. 문해력의 기초가 제대로 다져지지 않는다는 의미입니다.

결국 자신이 정확하게 알고 있는 단어를 통해 새로운 단어의 뜻을 짐작하며 어휘력을 확장시켜 가는 게 가장 좋습니다. 어휘력이 늘어나면 교과 개념을 정확하게 이해하고, 학습 내용도 빠르게 습득할 수 있지요. 선생님의 가르침이나 교과서 속 내용이 무슨 뜻인지 금방 알 수 있으니까요. 이 힘이 바로 문해력이 됩니다. 〈문해력 잡는 초등 어휘력〉은 어휘력 확장을 통해 문해력을 키우는 과정을 돕는 책입니다.

정춘수 기획위원

문해력 잡는 단계별 어휘 구성

〈문해력 잡는 초등 어휘력〉은 사용 빈도수가 높은 기본 어휘(씨글자)240개와 학습도구어와 교과내용어를 포함한 확장 어휘(씨낱말) 260개로 우리말 낱말 속에 담긴 단어의 다양한 뜻을 익히고 이를 통해 문해력을 키우는 프로그램입니다. 한자의 음과 뜻을 공유하는 낱말끼리 어휘 블록으로 엮어서 한자를 모르는 아이도 직관적으로 그 관계를 파악할 수 있습니다. 초등 기본 어휘와 어휘 관계, 학습도구어, 교과내용어 12,000개를 예비 단계부터 D단계까지 전 24단계로 구성해 미취학 아동부터 중학생까지 수준별 학습이 가능합니다. 어휘의 어원에 따라 자유롭게 어휘를 확장하며 다양한 문장을 구사하는 능력을 기르는 동안 문장 사이의 뜻을 파악하는 문해력은 자연스럽게 성장합니다.

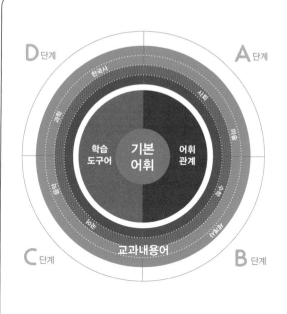

기본 어휘
초등 교과서 내 사용 빈도수가 높고, 일상적인 언어 활동에서 기본이 되는 어휘

어휘 관계
유의어, 반의어, 동음이의어, 도치어, 상하위어 등 어휘 사이의 관계

학습도구어
학습 개념을 이해하고 논리적으로 설명하는 과정에 쓰이는 도구 어휘

교과내용어
국어, 수학, 사회, 과학, 한국사, 예체능 등 각 교과별 학습 내용을 정확히 이해하는 데 필요한 개념 어휘

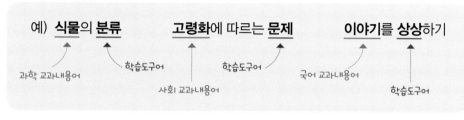

어휘력부터 문해력까지, 한 권으로 잡기

씨글자 | 기본 어휘

기본 어휘
하나의 씨글자를 중심으로
어휘를 확장해요.

씨낱말 | 학습도구어

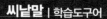

확장 어휘 – 학습도구어
둘 이상의 어휘 블록을
연결하여 씨낱말을 찾고
어휘를 확장해요.

씨낱말 | 교과내용어

확장 어휘 – 교과내용어
둘 이상의 어휘 블록을
연결하여 씨낱말을 찾고
어휘를 확장해요.

어휘 퍼즐

어휘 퍼즐
어휘 퍼즐을 풀며 익힌 어휘를
다시 한번 학습해요.

종합 문제

종합 문제
종합 문제를 풀며
어휘를 조합해 문장으로
넓히는 힘을 길러요.

문해력 문제

문해력 문제
여러 어휘로 이루어진 문장의 의미를
파악하고 글의 맥락을 읽어 내는
문해력을 키워요.

으악, 엄마의 분노 대폭발!

大
큰 대

집 안이 개판!

엄마 분노 □폭발!

크아아

이놈들

일단 피해.

튀고 보자.

큰일 났어요! 엉망진창이 된 집 안을 보고 엄마가 머리끝까지 화가 나셨어요. 위 그림의 빈칸에 들어갈 말은 무엇일까요? (   )

① 억   ② 대   ③ 꽝

맞아요. 정답은 ②번이에요. 대는 '크다'라는 뜻을 가진 말이죠. 대폭발은 갑자기 아주 큰 소리를 내면서 터지는 폭발을 말해요. 이처럼 어떤 낱말 앞에 대(大)가 붙으면 '규모가 큰', '양이 많은', '범위가 넓은'이라는 뜻이 더해져요.

눈이 많이 오면 대설, 병사가 많은 군대는 대군, 수많은 사람의 무리는 대중이지요. 대다수(大多數)는 '거의 모두 다'를 뜻해요. 크고 많은 숫자라는 뜻이죠.

대부분도 비슷한 말이에요. 전체에 가까운 커다란 부분이라는 뜻이지요. 월드컵 경기를 응원할 때 우리나라 사람들이 대부분 붉은 옷을 입는 것처럼요.

와~ 대한민국

여기는 월드컵 응원 현장. **대다수**가 붉은 옷을 입고 있습니다.

大　큰 대

- **대폭발**
(大 爆터질 폭 發피어오를 발)
갑자기 아주 큰소리를 내면서 터지는 폭발

- **대설**(大 雪눈 설)
아주 많이 내리는 눈

- **대군**(大 軍군사 군)
병사가 많은 군대

- **대중**(大 衆무리 중)
수많은 사람의 무리

- **대다수**(大 多많을 다 數수 수)
거의 모두 다

- **대부분**(大 部부분 부 分나눌 분)
전체에 가까운 큰 부분

大	큰 대
小	작을 소

■ **침소봉대**

(針바늘 침 小 棒몽둥이 봉 大)

바늘처럼 작은 것을 몽둥이처럼 크다고 과장함

■ **대문자**

(大 文글자 문 字글자 자)

큰 글자 형태

■ **소문자(小文字)**

작은 글자 형태

■ **대로(大 路길로)**

큰길

■ **소로(小路)**

작은 길

■ **대도시(大 都도읍도 市도시시)**

큰 도시

■ **소도시(小都市)**

작은 도시

■ **대변(大 便똥오줌 변)**

똥을 점잖게 부르는 말

■ **소변(小便)**

오줌을 점잖게 부르는 말

저런, 돼지 군처럼 작은 일을 큰일처럼 부풀려 떠벌리는 것을 침소봉대(針小棒大)라고 해요. 바늘처럼 작은 것을 몽둥이처럼 크다고 말하는 것을 뜻하지요.

'큰 대(大)'의 반대말은 '작을 소(小)'예요.

다음 빈칸에 대와 소를 알맞게 넣어 보세요.

ABC 큰 글자는 ☐문자

abc 작은 글자는 ☐문자

 큰길은 ☐로

 작은 길은 ☐로

 커다란 도시는 ☐도시

 작은 도시는 ☐도시

똥과 오줌을 점잖게 말할 때
'큰 것', '작은 것'이라는 말을 쓰기도 하죠?
똥은 한자로 대변(大便),
오줌은 소변(小便)이기 때문이에요.

大 중요할 대

■ **대업**(大 業일업)
중요하고 큰 사업

■ **과대**(誇떠벌일 과 大)
작은 것을 크고 중요한 것처럼
부풀림

■ **막대**(莫더할 수 없이 막 大)
더할 수 없이 크고 중요함

■ **소탐대실**(小작을 소 貪탐할 탐
大 失잃을 실)
작은 것을 탐내다 크고 중요한
것을 잃음

■ **대략**(大 略생략할 략)
자세한 내용을 생략한 큰 줄거리

■ **대강**(大 綱줄거리 강)
기본적인 부분만 딴 줄거리

■ **대충**
대강 추리는 정도

버섯 군이 신문을 보고 있군요. 신문에서 가장 중요하게 다루
고 있는 기사는 무엇일까요? (   )

① (가)   ② (나)   ③ (다)   ④ (라)

맞아요. 정답은 ①번, (가) 부분이에요.
신문에서는 가장 중요한 기사를 가장 큰 글씨로 적어 놓거든요.
이처럼 '크다'를 뜻하는 대(大)는 '중요한 것'이라는 뜻도 가지고 있
어요.
'중요하다'는 '귀중하고 요긴하다'라는 말이지요.
그럼 다음 빈칸에 알맞은 말을 채워 볼까요?
중요하고 큰 사업은 ☐업,
작은 것을 크고 중요한 것처럼 부풀리는 것은 과☐,
더할 수 없이 크고 중요한 것은 막☐하다,
작은 것을 탐내다가 크고 중요한 것을 잃는 것은 소탐☐실이에요.

대략(大略)이라는 말은 자세한 내용은 생략한 큰 줄거
리라는 말이에요. 세세한 부분은 빼고 큰 줄거리만 이
야기할 때 '대략 말하다'라고 하지요. 대강, 대충도 모
두 비슷한 말이지요.
대강의 '강'은 줄거리라는 뜻으로 기본적인 부분의 줄
거리라는 말이고, 대충은 대강 추리는 정도를 의미해요.

大 훌륭할 대

- **대장부**
(大 大어른장 夫사나이부)
아주 어른스러운 사람

- **대범**(大 汎넓을범)
사소한 것에 얽매이지 않고 마음이 아주 넓음

- **위대**(偉훌륭할위 大)
뛰어나게 훌륭함

- **웅대**(雄웅장할웅 大)
웅장하고 훌륭함

- **공명정대**(公공평할공 明밝을명 正바를정 大)
마음이 공평하고 밝으며 바르고 훌륭함

대장부는 건장하고 씩씩한 사내를 말해요.
대장부처럼 사소한 것에 신경 쓰지
않는 넓은 마음을 가진 사람을
대범하다고 해요.
이처럼 대(大)는 '뛰어나다', '훌륭하다'라는
뜻도 가지고 있어요.
그럼 새로 배운 '대'의 뜻을 생각하면서 빈칸을 채워 보세요.
뛰어나게 훌륭한 것은 위□하다,
웅장하고 훌륭한 것은 웅□하다,
마음이 공평하고 밝으며 바르고 훌륭한 것은 공명정□하다.

🔔 이런 말도 있어요

대동여지도는 조선 후기에 김정호가 만든 우리나라의 지도예요.
대동은 동쪽의 훌륭한 나라, 즉 우리나라를 뜻해요. 여기에 땅을
뜻하는 여(輿)가 붙어, 우리나라 땅을 그린 지도라는 말이지요.
- **대동여지도**(大훌륭할대 東동쪽동 輿땅여 地땅지 圖그림도) 동쪽의 훌륭한 나라의 땅을 그린 지도

대동여지도
(성신여대박물관 소장)

대폭발

대설

대군

대중

대다수

대부분

침소봉대

대문자

소문자

대로

소로

대도시

소도시

① 공통으로 들어갈 한자를 따라 쓰세요.

설

군 — 도 시 — 大 큰 대 — 장 부

소 탐 실

위
웅
공 명 정

② 어떤 낱말에 대한 설명인지 쓰세요.

1) 똥을 점잖게 이르는 말 → ☐☐

2) 병사가 많은 군대 → ☐☐

3) 작은 것을 크고 중요한 것처럼 부풀림 → ☐☐

4) 뛰어나게 훌륭함 → ☐☐

5) 전체에 가까운 커다란 부분 → ☐☐☐

③ 알맞은 낱말을 찾아 문장을 완성하세요.

1) 난 아주 어른스러운 ☐☐☐ 답게 절대 울지 않을 거야.

2) 세종 대왕은 한글을 만든 ☐☐ 한 임금이야.

3) 수지는 ☐☐ 하게 강도에게 맞섰어.

4) 요즘 과자들은 봉지만 크게 부풀려서 포장한 ☐☐ 포장이 많아.

5) 이순신 장군은 적의 ☐☐ 을 물리쳤어.

4 문장에 어울리는 낱말을 골라 ○표 하세요.

1) 엉망진창이 된 집 안을 보고 엄마의 분노가 (대군 / 대폭발) 했어.

2) 예고편만 봐도 이 영화의 내용을 (대략 / 대다수) 알 것 같아.

3) 마음이 공평하고 밝으며 바르고 훌륭한 것을 (공명정대 / 침소봉대)라고 해.

5 다음 중 반대말이 <u>잘못</u> 짝 지어진 것을 고르세요. (   )

① 대문자 – 소문자   ② 대도시 – 소도시

③ 대로 – 소로   ④ 웅대하다 – 거대하다

6 그림을 보고, 빈칸에 들어갈 알맞은 낱말을 쓰세요.

1)

큰 글자는 [ ]문자

2)

작은 글자는 [ ]문자

3)

큰길은 [ ]로

4)

작은 길은 [ ]로

5)

커다란 도시는 [ ]도시

6)

작은 도시는 [ ]도시

| 대변 |
| 소변 |
| 대업 |
| 과대 |
| 막대 |
| 소탐대실 |
| 대략 |
| 대강 |
| 대충 |
| 대장부 |
| 대범 |
| 위대 |
| 웅대 |
| 공명정대 |
| 대동여지도 |

작은 금강, 소금강

小
작을 소

위 그림에서 아빠가 말씀하시는 소금강은 무엇일까요? (   )

① 소금이 많이 나는 강   ② 작은 금강산

정답은 ②번, 소금강이에요.

금강산을 작게 줄여 놓은 것처럼 아름다운 산이어서

소(小)금강이라고 말해요.

여기서 소(小)는 '작다', '작게'를 뜻해요.

빈칸을 채우며 계속 읽어 볼까요?

크기를 작게 줄이는 것을 축 ☐ ,

작게 축소해 놓은 것은 축소판이라고 해요.

그러니까, 소금강은 금강산의 ☐☐☐

이라고 할 수 있겠죠?

부모와 꼭 닮은 자식을 보고도

부모의 축소판이라고 말하잖아요.

크기가 작은 것은 ☐형,

작은 차는 ☐☐차라고 하지요.

小 | 작을 소

■ **소(小)금강**
금강산을 작게 줄여 놓은 것처럼 아름다운 산

■ **축소(縮**줄일축 **小)**
크기를 작게 줄임

■ **축소판(縮小 版**판자판**)**
작게 줄여 놓은 것

■ **소형(小 型**모형형**)**
크기가 작은 것

네 아빠
축소판이군.

소형보다 더 작은 건 초소형이라고 해요. 소형을 뛰어넘는다는 뜻으로 아주 작다는 말이에요. 아주아주 조그만 컴퓨터는 뭘까요?

극소형 컴퓨터지요. 초소형보다 더 작은 것이 극소형이에요.

극(極)이 '지극하다', '끝까지 가다'는 뜻이거든요.

동네 학원은 우리 동네의 작은 지역에 사는 학생들이 다녀요.

또 건물도 작은 편이죠. 이런 걸 소규모라고 해요.

규모는 '크기'를 뜻하거든요. 소규모는 크기가 작다는 뜻이 되겠죠.

그럼 빈칸을 채우면서 계속해서 읽어 볼까요.

규모가 작은 회사는 □□□ 회사,

규모가 작은 건물은 □□□ 건물.

중간 규모와 작은 규모를 합쳐 놓은 것은 중소(中小) 규모라고 해요.

□□ 기업은 중간 크기의 회사와 작은 크기의 회사를 합쳐서 부르는 말이고요. 중소 규모의 회사라는 뜻이지요.

하하. 소포치고는 정말 크네요! 소포는 우편으로 배달되는 작은 꾸러미를 말해요. 이렇게 소(小)가 들어가는 말들은 모두 작은 걸 가리키죠. 책 중에서도 작은 책은 □책자, 작은 어린아이는 □아라고 하잖아요.

소(小)가 들어간 말의 반대말을 만드는 것은 쉬워요.

소가 붙는 말에는 대(大)도 붙일 수 있거든요. 그러면 반대로 '크다'라는 뜻을 가지게 되잖아요.

대형 트럭은 큰 트럭, 대형 학원은 큰 학원, 대기업은 규모가 큰 기업을 말하지요.

小 작을 소

초소형(超뛰어넘을 초 小型)
아주 작은 것

극소형(極지극할 극 小型)
지극히 작은 것

소(小)**규모**
크기가 작음

중소(中가운데 중 小)
규모나 수준이 중간인 것과
작은 것

중소(中小) **규모**
중간 크기와 작은 크기

중소(中小)**기업**
중간 크기의 회사와 작은 크기
의 회사를 합쳐서 부르는 말

소포(小 包꾸러미 포)
우편으로 배달되는 작은 꾸러미

소책자(小 冊책 책 子물건 자)
작은 책

소아(小 兒아이 아)
어린아이

작은 것에도 여러 가지가 있어요. 공간이 좁고 작으면 협소하다고
말해요. 키가 작고 덩치가 작을 때는 왜소하다고 하고요.
작은 것들에는 또 뭐가 있을까요?
우리의 마음이요! 가끔은 마음이 아주 작아지기도 하잖아요.

小   **작을 소**

■ **협소**(狹좁을협 小)
공간이 좁고 작음

■ **왜소**(矮키작을왜 小)
키가 작고 덩치가 작음

■ **소심**(小 心마음심)
마음이 작음

■ **소소**(小 小)**하다**
아주 작고 보잘것없다

■ **약소국**(弱약할약 小 國나라국)
약하고 작은 나라

그럼 마음이 작은 걸 뭐라고 할까요? (　　)

① 소심　　　② 방심　　　③ 진심　　　④ 변심

정답은 ①번, 소심(小心)이에요.
소심한 사람들은 아주 작은 일에도 신경을 많이 써요. 이런 사람들
이 신경 쓰는 아주 작고 보잘것없는 일을 뭐라고 할까요?
소(小) 자를 연거푸 써서 소소(小小)한 일이라고 해요.
그럼 나라가 작고 힘이 없을 때는 뭐라고 할까요? 약□□.
맞아요. 약하고 작은 나라는 약소국(弱小國)이라고 해요.
반대로, 나라가 크고 힘이 세면 강대국이라고 하지요.

🔔 **같은 말, 다른 뜻**

크기가 작으면 소(小), 개수가 적으면 소(少)를 써요.
그럼 소년(少年)이 맞을까요, 소년(小年)이 맞을까요?
헷갈린다고요? 그럼 반대말이 뭔지 생각하면 돼요.
나이는 '많다'라고는 하지만 '크다'라고 하지 않잖아요. 그럼 '많다'의 반대말인
'적다'에 해당하는 소(少)를 써서 소년(少年)이라고 하면 되겠죠?

가족의 크기가 작으면
소(小)가족이라고 해요.
가족의 크기가 작다는 건
식구 수가 적다는 말이에요.
식구 수가 많으면 가족의
크기가 크니 '확대 가족'이라고 하지요.
우리 동네에 있는 가게나 슈퍼마켓에서는 과자 한 봉지, 껌 한 개도
팔지요? 이렇게 물건을 작게 쪼개서 파는 걸 소매(小賣)라고 해요.
그럼 다음 빈칸에 들어갈 말은 뭘까요?
물건을 작은 단위로 파는 가게는 ☐☐점,
물건을 작은 단위로 파는 사람들은 ☐☐상이라고 해요.
음력 절기 가운데 '소한'과 '대한'이 있어요. 소한(小寒)은 작은 추
위, 대한(大寒)은 큰 추위를 뜻하죠. 그런데 이건 중국에서 그렇다
는 거고, 우리나라에서는 소한이 더 추워요. 그래서 '대한이 소한의
집에 가 얼어 죽는다.'라는 속담까지 있지요.

너희 가족도 **소가족**이구나.

아뇨,
우리 가족은
다 키가 커요.

小 **작을 소**

■ **소(小)가족**
크기가 작은 가족
■ **소매(小 賣**팔 매**)**
물건을 작은 단위로 쪼개서 파
는 것
■ **소매점(小 賣 店**가게 점**)**
물건을 소매로 파는 가게
■ **소매상(小 賣 商**상인 상**)**
물건을 소매로 파는 사람
■ **소한(小 寒**추위 한**)**
작은 추위

빈칸에 들어갈
말은 모두 '소매'야.

🔔 **이렇게도 쓰여요**

옛날에 소(小)는 공손하게 자신을 낮출 때 쓰는 말이었
어요. 아들이 부모 앞에서 쓰는 낮춤말은 소자, 결혼하
지 않은 여자가 쓰는 낮춤말은 소녀, 주인 앞에서 종은
소인, 임금 앞에서 신하는 소신이라고 했지요.

■ **소자(小**작을 소 **子**아들 자**)** ■ **소녀(小 女**딸 녀**)** ■ **소인(小 人**사람 인**)** ■ **소신(小 臣**신하 신**)**

소자라기엔
좀 크지 않나?

소자,
부모님께
절 올립니다.

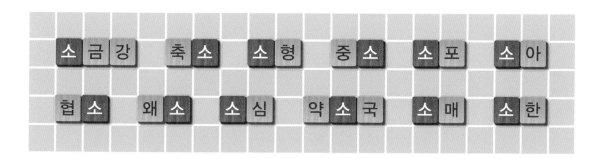

소금강 축소 소형 중소 소포 소아
협소 왜소 소심 약소국 소매 소한

작을 소

| 소금강 |
| 축소 |
| 축소판 |
| 소형 |
| 초소형 |
| 극소형 |
| 소규모 |
| 중소 |
| 중소 규모 |
| 중소기업 |
| 소포 |
| 소책자 |
| 소아 |

① 공통으로 들어갈 한자를 따라 쓰세요.

포

아 약 국 小 축 판 협

형 왜

작을 소 축

② 어떤 낱말에 대한 설명인지 쓰세요.

1) 작은 규모 ➡ ☐☐☐

2) 작은 크기의 차 ➡ ☐☐ 차

3) 작게 줄임 ➡ ☐☐

4) 자질구레하고 보잘것없다 ➡ ☐☐ 하다

5) 작은 마음 ➡ ☐☐

③ 알맞은 낱말을 찾아 문장을 완성하세요.

1) 그는 운동선수치고 ☐☐ 한 체격이지만 체력이 뛰어나.

2) 넌 어쩜 그렇게 ☐☐ 하니? 그깟 일로 마음이 상했어?

3) 물건을 작은 단위로 판매하는 가게를 ☐☐☐ (이)라고 해.

4) 이번에 나온 휴대 전화는 아주 작은 ☐☐☐ 이야.

5) 미국에 계신 이모께서 선물이 담긴 ☐☐ 을(를) 보내셨어.

16

4 문장에 어울리는 낱말을 골라 ○표 하세요.

1) 금강산을 작게 줄여 놓은 것처럼 아름다운 산을 (소금산 / 소금강)이라고 해.

2) 이 모형 장난감은 실제 로봇을 작게 줄여 놓은 (축소판 / 소형)이야.

3) 어린이날 유민이는 이모로부터 선물 (소포 / 소심)을(를) 받았어.

4) 현민이네 식구 수는 세 명으로 (소가족 / 소매점)이야.

5) 이 맛집은 손님은 많은데 공간이 너무 (왜소 / 협소)해.

5 다음 중 빈칸에 들어갈 낱말을 순서대로 짝 지은 것을 고르세요. (   )

> □□이(가) □□이 집에 와서 얼어 죽는다.

① 동지 – 섣달   ② 대한 – 소한
③ 추석 – 설날   ④ 소한 – 대한

6 그림을 보고, 빈칸에 들어갈 알맞은 낱말을 쓰세요.

| 협소 |
| 왜소 |
| 소심 |
| 소소하다 |
| 약소국 |
| 소년 |
| 소가족 |
| 소매 |
| 소매점 |
| 소매상 |
| 소한 |
| 소자 |
| 소녀 |
| 소인 |
| 소신 |

다독왕은 누구?

씨글자 | 기본 어휘

많을 다

수빈이가 독서를 가장 많이 한 어린이로 뽑혔어요! 수빈이가 받은 상의 이름은 무엇일까요? (　　)

① 개근상　　　　② 다독상　　　　③ 장려상

多　많을 다

■ 다독(多 讀읽을독)
많이 읽음
■ 다방면(多 方방향방 面방향면)
여러 분야

맞아요. 정답은 ②번, 다독상이에요. 다독이란 책을 많이 읽었다는 뜻이에요. 이처럼 다(多)는 '많은', '여러'라는 뜻을 가지고 있어요.

수빈이는 여러 분야의 책을 가리지 않고 골고루 읽어 다독상을 탈 수 있었어요. 오른쪽 그림의 빈칸에 들어갈 말은 뭘까요? (　　)

① 다　　　　② 대　　　　③ 고

정답은 ①번이죠. 다방면은 여러 분야, 많은 분야를 뜻하거든요. 다종은 종류가 많다는 말이에요. 다기는 갈림길이 많다는 말이고 요. 모두 어떤 일이나 물건의 종류, 분야가 많다는 것을 뜻하는 말 이지요.

■ 다종(多 種종류종)
여러 종류
■ 다기(多 岐갈림길기)
여러 갈래

18

多 　 **많을 다**

- **다수결**
  (多 數숫자수 決결정할 결)
  숫자가 많은 쪽의 의견에 따라
  결정함
- **다정**(多 情정정)
  정이 많음
- **다행**(多 幸행운 행)
  행운이 많음
- **다복**(多 福복복)
  복이 많음
- **다산**(多 産낳을 산)
  아이를 많이 낳음
- **과다**(過지나칠 과 多)
  지나치게 많음
- **파다**(播퍼뜨릴 파 多)
  많이 퍼짐
- **잡다**(雜잡스러울 잡 多)
  잡스러운 것이 많음
- **삼다도**(三석삼 多 島섬도)
  = 제주도
  바람, 돌, 여자가 많은 섬

그림의 빈칸에 알맞은 말은 무엇일까요? (　　)

① 다 　　　　　② 대 　　　　　③ 고

정답은 역시 ①번이에요. 다수결은 숫자가 많은 쪽의 의견에 따라
결정한다는 뜻이에요.

그럼 다(多)의 뜻을 생각하면서 빈칸을 채워 볼까요?
정이 많은 것은 □정,
행운이 많은 것은 □행,
복이 많은 것은 □복,
아이를 많이 낳는 것은 □산,
너무 많은 것은 과□,
많이 퍼진 것은 파□,
잡스러운 것이 많은 것은 잡□.

제주도는 옛날부터 바람과 돌과
여자가 많은 것으로 유명해요.
이것을 세 가지가 많다는
뜻에서 '삼다'라고 했어요.
그래서 제주도를 삼다도라고
부르기도 하지요.

多 많을 다

■ **다종다양**
(多 種종류종 多 樣모양양)
종류가 많고 모양도 여러 가지임

■ **다다익선**
(多 多 益더할익 善좋을선)
많으면 많을수록 좋음

■ **다재다능**
(多 才재주재 多 能능력능)
재주와 능력이 많음

■ **다정다감**
(多 情정정 多 感느낄감)
정이 많고 감정이 풍부함

■ **다사다난**
(多 事사건사 多 難어려울난)
사건도 많고 어려움도 많음

■ **공사다망**(公공적공 私사사로
울사 多 忙바쁠망)
공적인 일과 사적인 일로 매우
바쁨

■ **호사다마**(好좋을호 事일사
多 魔방해물마)
좋은 일일수록 방해하는 것이
끼어들기 쉬움

위 그림의 빈칸에는 '종류가 많고 모양도 여러가지'라는 뜻의
낱말이 들어가요. 무엇일까요? (   )

① 다리미질   ② 다짜고짜   ③ 다종다양

맞아요. 정답은 ③번, 다종다양이에요. 뭉치의 기대대로 보따리 안
에는 여러 종류의 선물이 있겠죠?
뭉치가 많은 선물을 보고 좋아
하고 있어요. 다다익선은 많으면
많을수록 좋다라는 말이에요.
'많을 다(多)'가 들어가는 사자성어를
빈칸을 채우며 완성해 보세요.
재주와 능력이 많은 것은 □재□능,
정이 많고 감정이 풍부한 것은 □정□감,
사건도 많고 어려움도 많은 것은 □사□난.
뭉치가 산타 할아버지께 딱 걸렸네요.
산타 할아버지는 크리스마스 때 정말 공사다망하시죠?
공사다망은 공적인 일과 사적인 일이 많아 굉장히
바쁘다는 말이에요.
크리스마스처럼 좋은 날에는 꼭 호사다마라고
이렇게 방해하는 일이 생긴다니까요.

역시 선물은 **다다익선**!

이놈, 가뜩이나 **공사다망**한데!

多 **많을 다**

- **최다 득표**(最가장최 多 得얻을득 票표표)
가장 많은 표를 얻음

수빈이가 최다 득표로 반장이 되었어요. 최다 득표란 가장 많이 표를 얻었다는 말이지요. 반대로 뭉치는 가장 적은 표를 얻었어요.

> 위 그림의 빈칸에 들어갈 말은 무엇일까요? (　　)
>
> ① 소　　　　　② 단　　　　　③ 고

정답은 ①번, 소예요. '많을 다(多)'의 반대말은 '적을 소(少)'이지요.
많고 적음을 한꺼번에 말할 때는 다소(多少)라고 해요. 다소는 많은지 적은지 확실히 알 수 없지만 어느 정도라는 뜻이거든요.
보잘것없이 매우 적은 것은 사☐ ,
아주 적은 것은 근☐ .
소수란 적은 숫자를 뜻해요.
다수의 반대말이지요.
반장은 다수결로 수빈이가 뽑혔지만,
소수의 지지를 받은 뭉치도 청소 반장을
맡게 되었네요.

少 **적을 소**

- **최소 득표**(最少得票)
가장 적은 표를 얻음
- **다소**(多少)
많은지 적은지 확실히 알 수 없지만 어느 정도
- **사소**(些적을사 少)
보잘것없이 매우 적음
- **근소**(僅적을근 少)
아주 적음
- **소수**(少 數숫자수)
적은 숫자

🔔 **小와 少**
小는 크기가 작은 '작을 소',
少는 수가 적은 '적을 소'예요.

다독　다방면　다종　다수결　다다익선

다정　다재다능　공사다망　다소　근소

많을 다

① **공통으로 들어갈 한자를 따라 쓰세요.**

독		과
종	삼 도 多 사 난	파
기	많을 다	잡

사이드바 목록:
다독
다방면
다종
다기
다수결
다정
다행
다복
다산
과다
파다
잡다
삼다도
제주도

② **어떤 낱말에 대한 설명인지 쓰세요.**

1) 책을 많이 읽음 → ☐☐

2) 더 많은 사람의 의견에 따라 결정함 → ☐☐☐

3) 재주와 능력이 아주 많음 → ☐☐☐☐

4) 여러 갈래 → ☐☐

5) 여러 종류 → ☐☐

③ **알맞은 낱말을 찾아 문장을 완성하세요.**

1) 유민이는 문화, 예술, 체육 등 ☐☐☐에 재능이 있다.

2) 자식이 여덟이나 되니 어머니는 ☐☐의 여왕이시다.

3) 학교에 소문이 ☐☐하게 퍼졌다.

4) 민호는 ☐☐한 생각이 떠올라 공부에 집중할 수 없었다.

5) 바람, 돌, 여자가 많은 섬인 제주도는 ☐☐☐(이)라고 불린다.

22

4 문장에 어울리는 낱말을 골라 ○표 하세요.

1) 복이 많은 것은 (행복 / 다복)이라고 한다.

2) 유민이는 독서를 가장 많이 해서 (다독상 / 개근상)을 받았어.

3) 오늘 아침에 넘어지고, 지각하는 바람에 벌 서고, 점심 때는 체해서 양호실까지 갔어. 오늘은 정말 (다사다난 / 다정다감)한 하루였어.

4) 유민이는 스포츠, 과학 등 (다기 / 다방면)의 지식이 많아.

5) (최다 득표 / 최소 득표)를 얻은 민호가 우리 반 반장이 되었어.

5 그림을 보고, 어울리는 낱말을 고르세요. (   )

역시 선물은 많으면 많을수록 좋아.

① 다재다능   ② 다종다양
③ 다다익선   ④ 호사다마

6 도표를 보고, 빈칸에 들어갈 알맞은 낱말을 [보기]에서 찾아 쓰세요.

> **보기**   최소   근소   최다

이번 대통령 선거에서 기호 1번 나대장 씨가 ☐☐ 득표로 당선되었습니다.
2번 신정치 씨와는 1%의 ☐☐한 차이밖에 나지 않았습니다.
3번 내갈길 씨는 ☐☐ 득표에 머물렀습니다.

40%   39%   10%

기호 1번   기호 2번   기호 3번
나대장   신정치   내갈길

다종다양

다다익선

다재다능

다정다감

다사다난

공사다망

호사다마

최다 득표

최소 득표

다소

사소

근소

소수

누가 암컷이고 누가 수컷이지?

암수
성별

크르르릉

위 그림은 사자 암수 한 쌍의 모습이에요.
그런데 어느 쪽이 암컷일까요? (   )

① 왼쪽   ② 오른쪽

정답은 ②번, 오른쪽이에요.

암수의 구별이 있는 동물 가운데 새끼를 배는 쪽은 암컷이고,

새끼를 배지 않는 쪽은 수컷이지요.

사자는 갈기가 없으면 암컷, 갈기가 있으면 수컷이에요.

다른 동물들의 암수를 살펴볼까요?

암꿩은 수수하고, 수꿩은 화려해요.

메뚜기는 암컷이 수컷보다 커요.

또, 메뚜기 암컷은 자세히

살펴보면 배 끝에 양갈래로

갈라진 산란관이 있지요.

바로 알을 낳는 관이에요.

그러니까 산란관이 있으면 암컷, 없으면 수컷이에요.

암꿩   수꿩

수컷 ↑   암컷

산란관

암수

■ **암컷**
새끼를 배는 쪽

■ **수컷**
새끼를 배지 않는 쪽

■ **암꿩**
꿩의 암컷, 까투리

■ **수꿩**
꿩의 수컷, 장끼

■ **산란관**
(産 낳을 산 卵 알 란 管 관 관)
알을 낳는 관

🔔 **수소와 황소**

큰 수소를 황소라고 해요. 힘센 황소는 다루기가 힘들어서 고집이 센 사람을 가리켜 '황소고집'이라고 해요.

식물에도 암수가 있어요.

열매를 맺는 것이 '암'이에요.

꽃의 열매에는 씨앗이 들어 있어요.

나중에 씨앗이 되는 밑씨는 씨방에 들어 있는데, 암술과 이어져 있어요.

수술의 꽃가루인 화분이 암술에 묻어 밑씨에 이르면 둘이 합쳐져 씨앗이 되지요.

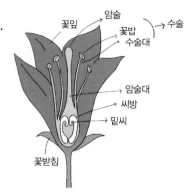

식물 중에는 암꽃과 수꽃이 따로 피는 것도 있어요.

다음 빈칸을 채우면서 알아봐요.

암술만 있는 꽃은 ☐꽃, 수술만 있는 꽃은 ☐꽃이에요.

옥수수는 암꽃과 수꽃이 따로 피지만 모두 한 나무에서 피지요.

하지만 은행나무는 아예 암꽃이 피는 나무와 수꽃이 피는 나무가 따로 있어요.

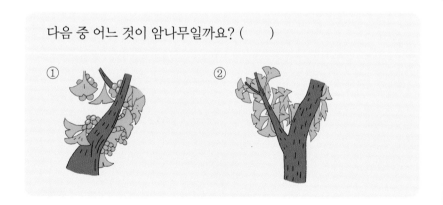

다음 중 어느 것이 암나무일까요? (   )

① ②

정답은 ①번이에요.

은행나무의 열매인 은행이 열려 있는 것으로 보아 씨방, 암술, 암꽃이 있다는 증거이지요.

수꽃에 있는 화분이 암술에 닿아야 열매가 열리기 때문에, 은행나무는 암나무와 수나무가 가까이 있어야 열매가 열린답니다.

암수

암술
나중에 씨앗이 되는 밑씨와 이어져 있는 꽃의 기관

수술
꽃가루를 가지고 있는 꽃의 기관

씨방
밑씨가 들어 있는, 암술대 밑의 볼록한 주머니

화분(花꽃 화 粉가루 분)
꽃가루

암꽃
암술만 있는 꽃

수꽃
수술만 있는 꽃

암나무
암꽃만 피는 나무

수나무
수꽃만 피는 나무

🔔 **숫양과 숫쥐**

'수'가 '숫'으로 변신해요!

• 이름이 '이, 여, 야'로 시작할 때 : 숫양, 숫염소
• 이름이 'ㅈ'으로 시작할 때 : 숫쥐, 숫자라

'암'은 받침이 있는 글자라서 아무 변화가 없어요.

암양, 암염소, 암쥐, 암자라

雌	암컷 자
雄	수컷 웅

■ **자웅**(雌雄)
암컷과 수컷

■ **자웅 감별**
(雌雄 鑑볼감 別나눌별)
암수를 보고 구별해 나눔

■ **자화**(雌 花꽃화)
암꽃

■ **웅화**(雄花)
수꽃

■ **자웅 동주**
(雌雄 同같을동 株그루주)
암수한그루

■ **자웅 이주**
(雌雄 異다를이 株)
암수딴그루

■ **자웅 동체**
(雌雄同 體몸체)
암수한몸

■ **자웅 이체**(雌雄異體)
암수딴몸

병아리는 암수가 거의 똑같이 생겨서 자웅 감별이 어려워요. 감별은 보고 구별해 나누는 것을 말하고, 자웅은 암수의 한자어예요. 한자로 암꽃은 자화, 수꽃은 웅화라고 해요.

> 암꽃과 수꽃이 한 그루에 있으면 '암수한그루'라고 하지요.
> 이것을 한자어로 바꾸면 무엇일까요? (   )
>
> ① 암수 일주   ② 자웅 이주   ③ 자웅 동주

정답은 ③번, 자웅 동주예요. 암수는 자웅, 한그루는 '같을 동(同)', '그루 주(株)'를 써서 동주라고 해요. 암꽃, 수꽃이 각기 다른 나무에 있는 것은 암수딴그루라고 하고, 한자로 자웅 이주라고 하지요. '같을 동(同)' 대신 '다를 이(異)'가 쓰였네요.

> 지렁이와 달팽이는 암수의 기관이 하나의
> 몸에 다 있어요. 이와 같은 동물을 이르는
> 한자어는 무엇일까요? (   )
>
> ① 자웅 동주   ② 자웅 이주   ③ 자웅 동체   ④ 자웅 이체

정답은 ③번, 자웅 동체예요. 암수한몸이라는 뜻이지요. 암수가 따로 있는 동물은 자웅 이체 또는 암수딴몸이라고 해요.
사람의 경우에는 아기를 배는 쪽을 여(女), 그렇지 않은 쪽을 남(男)이라고 성별을 구별하지요.

암수

■ **암톨쩌귀**
뾰족한 부분을 끼우도록 구멍
이 뚫린 돌쩌귀

■ **수톨쩌귀**
뾰족한 촉이 달린 돌쩌귀

■ **암나사**
수나사를 끼울 수 있게 나선형
으로 고랑을 판 나사

■ **수나사**
표면에 홈을 피 암나사에 끼울
수 있게 만든 나사

■ **암키와**
지붕의 고랑이 되도록 젖혀 놓
는 기와로, 바닥에 깔 수 있게
크고 넓게 만든 기와

■ **수키와**
두 암키와 사이를 엎어 잇는 기
와로, 속이 빈 원기둥을 세로로
반을 쪼갠 모양의 기와

문을 고정시켜 놓으려면 문과 기둥에 각각 붙일 두 개의 쇠붙이가 필요해요. 하나는 막대 모양을 붙여 만들고, 하나는 그 막대가 들어 갈 수 있는 구멍을 만들지요. 이 둘이 합쳐져야 문이 달려 있는 상 태에서 문을 여닫을 수 있어요.

이 쇠붙이 이름은 돌쩌귀예요. 이중 촉이 달린 것은 수톨쩌귀, 촉이 달리지 않은 것은 암톨쩌귀라고 불러요.

이렇게 두 종류로 나눠지는 물건에도 모양에 따라 암수를 구별해요.

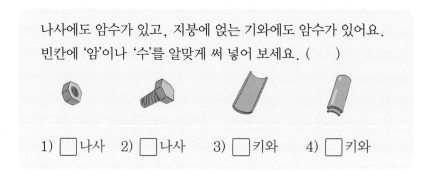

나사에도 암수가 있고, 지붕에 얹는 기와에도 암수가 있어요.
빈칸에 '암'이나 '수'를 알맞게 써 넣어 보세요. (   )

1) ☐나사   2) ☐나사   3) ☐키와   4) ☐키와

정답은 순서대로 1) 암, 2) 수, 3) 암, 4) 수이지요.
암키와와 수키와의 글자 모양에 유의하세요.
암기와, 수기와가 아니라 암키와, 수키와랍니다.

암수
성별

❶ 공통으로 들어갈 낱말을 쓰세요.

컷

꿩

키 와

새끼를 배거나
열매를 맺는 성별

새끼를 배지 않거나
열매를 맺지
않는 성별

컷

꿩

키 와

❷ 어떤 낱말에 대한 설명인지 쓰세요.

1) 암술만 있는 꽃 ➡ ☐☐

2) 수술만 있는 꽃 ➡ ☐☐

3) 새끼를 배는 쪽 ➡ ☐☐

4) 새끼를 배지 않는 쪽 ➡ ☐☐

5) 암컷과 수컷을 이르는 한자어 ➡ ☐☐

❸ 알맞은 낱말을 찾아 문장을 완성하세요.

1) 꽃잎 속에 꽃가루를 가지고 있는 꽃술은 ☐☐이야.

2) 씨방을 가지고 있는 꽃술은 ☐☐이야.

3) 암꽃만 피는 나무는 ☐☐☐야.

4) 수꽃만 피는 나무는 ☐☐☐야.

5) 암꽃을 한자로 ☐☐(이)라고 해.

6) 수꽃을 한자로 ☐☐(이)라고 해.

왼쪽 세로 목록:
암컷
수컷
암꿩
수꿩
산란관
수소
황소
암술
수술
씨방
화분
암꽃
수꽃
암나무
수나무
숫양
숫염소
숫쥐

4 문장에 어울리는 낱말을 골라 ○표 하세요.

1) 새끼를 배는 쪽은 (암컷 / 수컷)이야.

2) 은행나무에서 열매를 맺는 나무가 (암나무 / 수나무)야.

3) 뾰족한 촉이 달린 돌쩌귀가 (수톨쩌귀 / 암톨쩌귀)야.

4) 지렁이처럼 암수의 기관이 하나의 몸에 있으면 (자웅 이체 / 자웅 동체)
라고 해.

5) 암꽃과 수꽃이 한 그루에 있는 '암수한그루'를 (자웅 동주 / 자웅 이주)라
고 해.

숫자라
암양
암염소
암쥐
암자라
자웅
자웅 감별
자화
웅화
자웅 동주
자웅 이주
자웅 동체
자웅 이체
암톨쩌귀
수톨쩌귀
암나사
수나사
암키와
수키와

5 그림을 보고, 빈칸에 공통으로 들어갈 알맞은 낱말을 쓰세요.

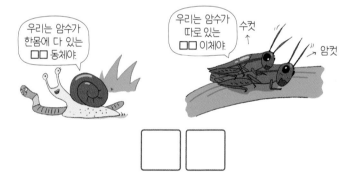

우리는 암수가 한몸에 다 있는 □□ 동체야.

우리는 암수가 따로 있는 □□ 이체야. 수컷 암컷

6 그림을 보고, 빈칸에 들어갈 알맞은 낱말을 쓰세요.

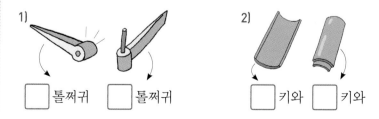

1) □톨쩌귀 □톨쩌귀

2) □키와 □키와

저런, 스타일을 변화하려다가 폭탄 머리로 변화했군요.

변화(變化)란 변해서 무엇이 되다는 뜻이에요.

이때 화(化)는 '~이 되다'라는 뜻이 있거든요.

몹시 자주 변화하는 것을 변화무쌍이라고 하지요. 비할 데 없이 변화가 심하다는 뜻이에요.

얼굴을 예쁘게 변화시키기 위해 화장을 하기도 해요.

화장은 얼굴을 곱게 꾸미는 것을 말해요.

빈칸을 알맞게 채워 볼까요?

화장할 때 쓰는 종이나

휴지는 ☐☐지,

화장할 때 얼굴에 바르는

물건은 ☐☐품,

화장을 하는 방은 ☐☐실.

빈칸에 들어갈 말은 모두 화장이에요.

하지만 화장실은 볼일을 보러 가는 곳이기도 하죠?

변소를 점잖게 말할 때에도 화장실이라고 부르지요.

化 될 화

- **변화**(變변할변 化)
  변해서 무엇이 됨
- **변화무쌍**
  (變化 無없을무 雙비할쌍)
  비할 데 없이 변화가 심함
- **화장**(化 粧꾸밀장)
  얼굴을 곱게 꾸밈
- **화장지**(化粧 紙종이지)
- **휴지**(休쉴휴 紙)
  화장할 때 쓰는 종이
- **화장품**(化粧 品물건품)
  화장할 때 얼굴 등에 바르는 물건
- **화장실**(化粧 室방실)
  화장을 하는 방 또는 변소를 점 잖게 이르는 말

30

化 될 화

- **소화**(消 사라질 소 化)
  먹은 음식물이 사라지게 됨
- **미화**(美 아름다울 미 化)
  아름답게 함
- **환경 미화**(環 두를 환 境 장소 경 美 化)
  우리를 둘러싼 곳을 아름답게 함
- **약화**(弱 약할 약 化)
  힘을 약하게 함
- **강화**(强 강할 강 化)
  힘을 강하게 함
- **심화**(深 깊을 심 化)
  깊이나 정도가 점점 깊어지게 함
- **부화**(孵 알 깔 부 化)
  동물의 새끼가 알을 깨고 나옴
- **순화**(純 순수할 순 化)
  더러운 것을 없애고 순수하게 함
- **생활화**(生 날 생 活 살 활 化)
  생활 습관이 되게 함

먹자마자 소화가 되었나 봐요.

밥이나 음식을 먹으면 소화가 되죠?

소화(消化)란 먹은 음식물이 사라지게 된다는 뜻이에요.

먹은 음식물들은 소화 기관을 통과하면서 소화 작용을 해요.

이때 음식물의 영양소가 몸에 흡수되고 그 찌꺼기는 배출되지요.

아름다운 모습이 되게 하는 것은 미화,

우리를 둘러싸고 있는 곳을 아름답게 하는 것은 환경 미화지요.

그럼 '화'가 쓰인 다른 낱말을 알아볼까요?

힘을 약하게 하는 것은 약□,

힘을 강하게 하는 것은 강□,

깊이나 정도가 점점 깊어지게 하는 것은 심□,

동물의 새끼가 알을 깨고 나오는 것은 부□,

더러운 것을 없애고 순수하게 만드는 것은 순□.

빈칸에 모두 '화'가 들어가 어떤 것으로 변화되었네요.

생활화(生活化)란 생활 습관이 되게 하는 것을 말해요.

생활은 태어나 계속 살아가는 것을 말하죠.

양치질은 한번 하고 마는 것이 아니라,

살아가면서 생활화하는 게 중요하겠죠?

19세기 말, 서양 사람들이 우리나라를 찾아왔어요. 우여곡절 끝에 결국 우리나라는 서양 문물을 받아들이게 되었지요.

새로운 물건, 제도 등을 받아들이는 것을 무엇이라고 할까요?

( )

① 개변 　　② 개발 　　③ 개화

정답은 ③번, 개화예요.

'열 개(開)'를 써서 문을 열게 되다는 뜻이지요.

개화 이후, 우리나라는 빠르게 근대화되었어요.

근대화란 오늘날과 가까운 시대로 변화하는 것을 말해요.

다음 빈칸을 채워 낱말을 완성하면서 근대화를 살펴볼까요?

산업이 발전하게 되는 산업☐,

기술이 발전해 생활이나 교통수단 등의 속도가 빨라지는

고속☐, 세계 각국을 이해하고 받아들이는 세계☐.

하지만 근대화가 모두 좋은 결과만 가져온 것은 아니에요.

무엇이든 사고파는 물건으로 만드는 상품화가 심해졌지요.

그리고 많은 지역이 도시로 변화하고, 사람들의 생활 방식도

바뀌었어요. 이러한 도시화가 진행되면서 농촌 문제, 환경 문

제 등이 생겨났지요.

성민이가 선생님의 가르침을 받고 잘못을 깨달았나 봐요. 성민이는
선생님에게 교화되었다고 할 수 있어요.

교화(敎化)는 '가르칠 교(敎)'를 써서 가르쳐서 좋은 모습이 되게 하
다는 뜻이지요. 이처럼 화(化)는 '교화하다'라는 의미로 쓰일 때가
있어요.

더러운 것을 깨끗하게 하는 것은 정화예요. 악한 사람의 마음이나
부패한 사회를 깨끗하게 할 때 '정화한다'는 말을 쓰지요.

빈칸을 채워 낱말을 완성해 볼까요?

나쁜 것을 고쳐 착하게 하는 것은 개□ ,

가르치고 타일러 착하게 하는 것은 훈□ .

문화(文化)란 원래 글로 백성을
가르쳐 이끈다는 뜻이에요.

글을 배워야 신문도 읽고, 책도 보고,

편지도 쓸 수 있겠죠?

이로부터 문화는 한 사회에서 사람들이 누리는 모든 생활 습관과 제도,
언어, 풍습, 종교, 학문, 예술이라는 뜻으로도 쓰이게 되었답니다.

化 **교화할 화**

- **교화**(敎가르칠교 化)
  가르쳐서 좋은 모습이 되게 함
- **정화**(淨깨끗할정 化)
  깨끗하게 함
- **개화**(改고칠개 化)
  나쁜 것을 고쳐 착하게 함
- **훈화**(訓가르칠훈 化)
  가르치고 타일러 착하게 되도
  록 함
- **문화**(文글월문 化)
  글로 백성을 가르쳐 이끎, 한 사
  회에서 사람들이 누리는 모든
  생활 습관과 제도, 언어, 풍습,
  종교, 학문, 예술 등을 말함

변**화** **화**장 **화**장실 소**화** 미**화** 강**화**

개**화** 산업**화** 세계**화** 교**화** 정**화** 문**화**

씨글자
블록 맞추기

化
될 화

변화

변화무상

화장

화장지

휴지

화장품

화장실

소화

미화

환경 미화

약화

강화

심화

부화

① 공통으로 들어갈 한자를 따라 쓰세요.

| 소 |
| 미 | 세 계 | 化 | 변 | 무 | 상 |
| 순 |

될 화

| 교 |
| 개 |
| 문 |

② 어떤 낱말에 대한 설명인지 쓰세요.

1) 아름답게 함 → ☐☐

2) 더러운 것을 없애고 순수하게 함 → ☐☐

3) 동물의 새끼가 알을 깨고 나옴 → ☐☐

4) 가르치고 타일러 착하게 되도록 함 → ☐☐

5) 깊이나 정도가 점점 깊어지게 함 → ☐☐

③ 알맞은 낱말을 찾아 문장을 완성하세요.

1) 선생님은 방황하는 학생의 ☐☐ 을(를) 위해 열심히 노력하셨다.

2) 더러운 물을 ☐☐ 시켰더니 깨끗해졌어요.

3) 체력을 ☐☐ 하기 위해 날마다 운동을 한다.

4) 달걀이 드디어 ☐☐ 해서 병아리가 태어났다.

5) 밥 먹은 지 한 시간이 채 안 되었는데 벌써 ☐☐ 이(가) 다 되었다.

4 문장에 어울리는 낱말을 골라 ○표 하세요.

1) 새로운 물건, 제도 등을 받아들이는 것을 (개발 / 개화)라고 해.

2) 자동차의 증가로 대기 오염이 (심화 / 미화)되었어.

3) 신체를 (소화 / 강화)시키기 위해 매일 피나는 훈련을 견뎌냈어.

4) (도시화 / 생활화)가 진행되면서 각종 사회 문제가 생겨났어.

5) 오랜만에 서울에 오니 거리가 많이 (약화 / 변화)되었더라.

5 그림을 보고, 빈칸에 공통으로 들어갈 알맞은 낱말을 쓰세요.

6 그림을 보고, 알맞은 낱말을 골라 ○표 하세요.

1) 19세기 말, 우리나라는 서양의 새로운 물건, 제도를 받아들이는
   (개화 / 개발)을(를) 했습니다.

2) 그 이후 우리나라는 빠르게 (상품화 / 근대화)되었습니다.

순화
생활화
개화(開化)
근대화
산업화
고속화
세계화
상품화
도시화
교화
정화
개화(改化)
훈화
문화

딱딱한 돌로 만든 석상

저기 저 동상까지 경주하자.

동상이 어디 있냐? 저건 석상이야.

동상과 석상은 달라요. 다음 중 석상의 뜻은 뭘까요? (   )

① 돌로 만든 사람이나 동물의 모양
② 사람을 본떠 만든 조각

맞아요. 정답은 ①번이에요. 동상(銅像)은 구리로 만들고,
석상(石像)은 돌로 만들지요. 여기서 석(石)은 돌을 뜻해요.
이제 다음 빈칸을 채워 볼까요?

돌을 가지고 무언가를 만드는 사람은 ☐수 또는 ☐공,
석수나 석공이 작업할 때 재료가 되는 돌은 ☐재,
석재를 캐는 곳은 바로 채석장이에요.
돌로 물건이나 건물을 만드는 것은 석조라고 해요.
그러니 돌로 지어진 건물은 ☐조 건물,
돌로 만들어진 계단은 ☐조 계단이지요.
초석은 기둥을 놓기 전에 기둥 밑에 받쳐 놓은 돌이에요. 건물의 가
장 기초이지요. 집을 지을 때뿐만 아니라, 어떤 일을 할 때 기초를
튼튼히 하는 걸 '초석을 놓는다'라고 말해요.

石 돌 석

■ **석상**(石 像모양 상)
돌로 만든, 사람이나 동물의
모양

■ **석수**(石 手사람 수)
= **석공**(石 工기술자 공)
돌로 무엇을 만드는 사람

■ **석재**(石 材재료 재)
재료가 되는 돌

■ **채석장**(採캘 채 石 場곳 장)
석재를 캐는 곳

■ **석조**(石 造만들 조)
돌로 만듦

■ **초석**(礎기초 초 石)
기둥 밑에 받쳐 놓은 돌

🔔 초석은 다른 말로 '주춧돌'
이라고도 해요.

오른쪽 그림처럼 돌이 굴러 떨어지는
것을 뭐라고 부를까요? (   )

① 추락   ② 붕괴
③ 지진   ④ 낙석

맞아요! 정답은 ④번, 낙석(落石)이에요.
산이나 벼랑처럼 높은 곳에서 돌이 떨어지는 걸 말하죠. 그런데 더
높은 곳에서 떨어지는 돌이 있어요.
그건 바로 우주에서 떠돌다가 지구로 떨어진 돌! 바로 운석이에요.
자, 어떤 돌이 더 있는지 다음 빈칸을 채워 볼까요?
보물로 삼을 만큼 아름답고 귀한 돌은 ☐☐,
자기가 태어난 달을 대표하는 보석은 ☐☐☐,
철을 끌어당기는 돌은 ☐☐이에요.
'철석같이 믿었다'라는 말 들어 봤지요?
굳게 믿었다는 뜻이에요. 단단하기로 유명한 돌과 쇠를 합쳐서
철석 같다라는 말을 만들었지요. 철석처럼 굳세다는 뜻이에요.

> 답은 순서대로
> **보석, 탄생석,
> 자석**이야.

石	돌 석

- **낙석**(落 떨어질 낙 石)
  돌이 떨어짐
- **운석**(隕 떨어질 운 石)
  우주에서 떠돌다가 지구로 떨어진 돌
- **보석**(寶 귀할 보 石)
  아름답고 귀한 돌
- **탄생석**(誕 낳을 탄 生 날 생 石)
  자기가 태어난 달을 대표하는 보석
- **자석**(磁 자석 자 石)
  철을 끌어당기는 돌
- **철석**(鐵 쇠 철 石) 같다
  돌과 쇠처럼 굳세다
- **목석**(木 나무 목 石) 같다
  나무와 돌처럼 무뚝뚝하다
- **치석**(齒 이 치 石)
  이에 엉겨 붙은 굳은 물질

목석같은 사람은 무디고 무뚝뚝한 사람을 말해요.
목석인 나무나 돌은 조용하고 감정이 없잖아요. 그래서 감정 표현
을 잘 안하는 사람을 빗대어 말한 거예요.
이에 치석이 생기면 이가 아파요. 치석은 이에 엉겨 붙어 돌처럼 딱딱
하게 굳은 물질이에요. 치석이 생기지 않게 양치질을 잘 해야겠죠?

시멘트가 없던 옛날에는 많은 것들을 돌로 만들었어요.

이제부터는 돌로 만든 문화재를 살펴보자고요.

다보탑이나 석가탑은 돌로 쌓은 석탑(石塔)이에요.

쌍사자 석등, 사천왕 석등은 돌로 만든 등잔이라는 말이에요.

가운데 빈 곳에 등불을 올려놓게 되어 있지요.

돌로 만든 불상도 많아요.

돌로 만든 불상이어서 석불이라고 해요.

크기로 보나 아름다움으로 보나 가장 잘 알려진 석불은 경주 석굴암에 있어요. 석굴은 돌로 된 굴이에요. 석굴 안에 불상을 모시는 암자를 지어서 석굴암이라고 하지요.

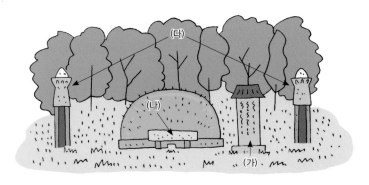

조상을 모시는 산소에도 돌로 만든 것이 많아요.

그림의 (가)는 비석이에요.

조상을 기리기 위해 돌기둥에 이름 등을 새겨 놓은 것이지요.

(나)는 상석이에요. 제사 음식과 촛대 등을

차려 놓을 수 있는 평평한 돌이지요.

(다)는 망주석이라 하는데, 무덤을 바

라보도록 무덤 양쪽에 세워 놓은 돌기

둥이에요.

옛 사람들은 이 **망주석**이 무덤을 지켜 준다고 믿었어.

아주 옛날에는 장식품뿐 아니라 모든 걸 다 돌로 만들어서 썼어요.

석기를 사용한 시절을 석기 시대라고 하지요. 돌칼이나 돌도끼처럼

돌로 만든 도구를 석기라고 해요.

石	돌 석

석탑(石 塔탑탑)
돌로 만든 탑

석등(石 燈등잔등)
돌로 만든 등

석불(石 佛부처불)
돌로 만든 부처

석굴암(石 窟굴굴 庵절암)
돌로 된 굴속에 지은 석불을 모시는 암자

비석(碑돌기둥 비 石)
이름 등을 새겨 무덤에 세우는 돌기둥

상석(床마루상 石)
제사 음식을 차려 놓을 수 있는 넓적한 돌

망주석(望바라볼 망 柱기둥 주 石)
무덤을 바라보는 한 쌍의 돌기둥으로, 여덟 모로 되어 있음

석기(石 器도구 기)
돌로 만든 도구

석기 시대
(石 器 時때 시 代시대 대)
석기를 주로 쓰던 시대

철, 구리, 알루미늄은 금속이에요. 금속은 돌과 다르지만, 원래 모습을 보면 돌과 섞여 있어요. 이처럼 금속이 섞여 있는 돌을 광석이라고 하지요.

땅에서 파낸 그대로의 광석, 아무런 가공도 하지 않은 원래의 광석은 원광석이에요. 줄여서 원석이라고 해요. 이런 원석을 가공해서 우리가 사용하는 금속을 얻게 되는 거예요.

그럼 철을 포함하고 있는 광석은? 철광석이죠.

오른쪽을 봐요. 다이아몬드는 칼로 자를 수 없을걸요?

다이아몬드는 금강석이라고 하는데, 쇠처럼 단단한 돌이라는 뜻이거든요. 하지만 다이아몬드는 쇠보다 더 단단해요.

살아 있는 것이 죽으면 화석이 되기도 해요. 살아 있을 때의 모양 그대로 돌에 찍어 놓은 것처럼 된다는 말이에요. 이 화석을 가져다가 연료로 쓰면 화석 연료라고요?

화석

아니에요! 화석 연료는 먼 옛날에 살던 동식물들이 땅속에 오랜 세월 묻혀 있다가 오늘날 연료로 쓰이는 것들이에요. 석탄이나 석유가 바로 화석 연료지요.

이 다이아 반지 엄마가 나눠 가져도 된대.

이걸로 잘라서 반씩 나누자.

石	돌 석

■ **광석**(鑛쇳돌 광 石)
금속이 섞인 돌

■ **철광석**(鐵쇠 철 鑛石)
철 성분이 많이 든 광석

■ **원광석**(原원래 원 鑛石)
파낸 그대로의 광석

■ **원석**(原石)
원광석의 준말

■ **금강석**(金쇠 금 剛굳셀 강 石)
= 다이아몬드
쇠처럼 단단한 돌

■ **화석**(化될 화 石)
동식물의 뼈나 몸의 흔적이 돌 속에 남아 있는 것

■ **화석 연료**
(化石 燃탈 연 料재료 료)
땅속에 묻혀 화석처럼 굳어진 동식물들로 만들어진 연료

■ **석탄**(石 炭숯 탄)
땅속에 묻힌 식물이 화석처럼 굳어 만들어진 숯

■ **석유**(石 油기름 유)
땅속에 묻힌 동물이 변해 만들어진 기름

석상　석수　채석장　초석　낙석　운석

자석　목석　석탑　철광석　화석　석탄

石
돌 석

석상

석수

석공

석재

채석장

석조

초석

주춧돌

낙석

운석

보석

탄생석

자석

철석 같다

목석 같다

치석

석탑

석등

1 공통으로 들어갈 한자를 따라 쓰세요.

운
보 ─ 굴 암 │ 石 │ 화 연 료 │ 상
자
돌 석
수
재

2 어떤 낱말에 대한 설명인지 쓰세요.

1) 재료로 쓰이는 돌 ➡ ☐☐

2) 돌을 가지고 무엇을 만드는 사람 ➡ ☐☐

3) 돌로 만듦 ➡ ☐☐

4) 돌을 캐는 곳 ➡ ☐☐☐

5) 기둥 밑에 받쳐 놓은 돌 ➡ ☐☐

3 알맞은 낱말을 찾아 문장을 완성하세요.

1) ☐☐ 처럼 가만히 있지만 말고 네 감정을 표현해 봐!

2) 하늘에서 떨어진 ☐☐ 이(가) 남극에서 13개나 발견되었대!

3) 세상에! 먼 옛날에 살았던 식물도 ☐☐ (으)로 남아 있대.

4) 내가 태어난 달의 ☐☐☐ 은(는) 자수정이야.

5) 루비, 사파이어, 다이아몬드 등은 귀한 돌이라서 ☐☐ (이)라고 해.

4 문장에 어울리는 낱말을 골라 ○표 하세요.

1) 다보탑이나 석가탑은 돌로 쌓은 (석탑 / 비석)이야.

2) 모든 걸 다 돌로 만들어 썼던 시대를 (석기 시대 / 돌기 시대)라고 해.

3) 살아 있는 것이 죽으면 (화석 / 광석)이 되기도 해.

5 그림을 보고, 빈칸에 들어갈 알맞은 낱말을 쓰세요.

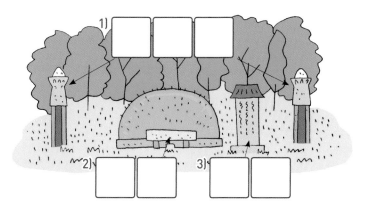

1) ☐ ☐ ☐

2) ☐ ☐

3) ☐ ☐

6 빈칸에 들어갈 알맞은 낱말을 [보기]에서 찾아 쓰세요.

| 보기 | 석굴암   망주석   탄생석 |

1)
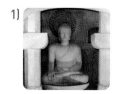
나는 석굴 속에 지어진 암자인 ☐☐☐이에요.
우리나라를 대표하는 문화재 중의 하나죠.

2)

나는 무덤 양쪽에 있는 ☐☐☐이에요.
여덟 모로 깎아 만든 돌기둥이지요.
나는 무덤을 지키기 위해 무덤 쪽을 보고 있어요.

석불

석굴암

비석

상석

망주석

석기

석기 시대

광석

철광석

원광석

원석

금강석

다이아몬드

화석

화석 연료

석탑

석유

모르는 문제는 질문하자

같은 반 친구 중에 유난히 질문을 많이 하는 친구가 있지요? 그 친구는 공부하는 도중에 궁금한 것이 많은 거예요. 이렇게 모르는 것이나 알고 싶은 것을 묻는 것이 질문이에요. 질문의 문(問)이 '묻다'라는 뜻이거든요. 그럼 문제는 뭘까요? 문제는 공부할 때 대답을 하거나 풀이를 하라는 질문이에요.

問	題
물을 문	물음 제

공부를 할 때 대답을 하거나 풀이를 하라는 물음

■ **질문**(質 물음 질 問)
모르는 것이나 알고 싶은 것을 물음

■ **의문**(疑 의심할 의 問)
이상하거나 수상해서 의심스럽게 생각함

■ **반문**(反 돌이킬 반 問)
반대로 다시 질문함

물을 때는 문(問)

이상하거나 수상해서 의심스럽게 생각하는 것은 의문이에요. 의문이 생기면 곧장 용감하게 손을 들고 질문을 하세요.

"남자가 먼저 태어났어요, 여자가 먼저 태어났어요?"
그러면 선생님이 "넌 왜 수학 시간에 그런 걸 묻니?"라고 되묻겠지요. 이처럼 상대의 물음에 대답하지 않고, 반대로 다시 질문하는 것을 반문이라고 해요.
질문도 때와 장소에 맞게 해야겠지요?

경찰이나 군인이 수상하거나 의심이 가는 사람을 검사하고 따져 묻는 것은 검문이라고 하고, 검문을 하는 곳은 검문소이지요.
범인이라고 의심되는 사람을 잡으면 다그쳐서 자세히 따져 묻는데, 그것을 심문이라고 해요. 심문의 정도가 심해지면 고문이 되죠.
고문은 무언가를 강제로 알아내기 위해 고통을 주어서 심문하는 것을 말해요. 어떤 죄를 지었든 고문은 절대 해서는 안 되겠죠?
이러한 고문을 한 사람은 문책을 받는 게 당연해요. 문책은 일의 책임을 제대로 다하지 못한 잘못을 물어서 꾸짖는 거예요.

문제의 뜻을 담은 제(題)

여러 가지 문제의 의미가 숨어 있는 낱말들도 있어요.
빈칸을 채워 가며 알아볼까요?
선생님이 매일 집에서 해 오라고 내주는 문제는 숙□예요.
처리하거나 해결해야 할 문제인 과□도 있어요.
어려워서 처리하거나 풀기 어려운 문제는 난□라고 해요.
그럼 논제는 뭘까요? 논제는 토론이나 논의할 주제를 말해요.
주제가 생각이나 활동을 이끌어 가는 중심 되는 문제나 내용이거든요.
그럼 의논할 문제는 뭘까요? '의논할 의(議)'를 써서 의제이지요.
여기서 제(題)는 주제라는 뜻으로 쓰였네요.
제(題)는 제목의 의미로도 쓰여요. 이야기의 제목은 화제예요.
명제는 글의 제목을 정하다는 의미도 있지만, 어떤 문제에 대한 풀이나 주장에서 참과 거짓이 분명히 드러나는 문장을 말하기도 해요.

검문(檢검사할 검 **問)**
수상하거나 의심이 가는 사람을 검사하고 따져 물음

검문소(檢問 所곳 소**)**
검문을 하는 곳

심문(審살필 심 **問)**
자세히 따져 물음

고문(拷칠 고 **問)**
무언가를 강제로 알아내기 위해 고통을 주어서 심문함

문책(問 責꾸짖을 책**)**
일의 책임을 물어서 꾸짖음

숙제(宿잘 숙 **題)**

과제(課과정 과 **題)**

난제(難어려울 난 **題)**

논제(論논할 논 **題)**
토론이나 논의할 주제

주제(主주인 주 **題)**
중심이 되는 생각이나 문제

의제(議의논할 의 **題)**
의논할 문제

화제(話이야기 화 **題)**
이야기의 제목

명제(命이름 붙일 명 **題)**
논리적으로 뜻이 분명해서 참과 거짓이 드러나는 문장

문제엔 해답,
질문엔 대답

해답? 대답? 조금 헷갈리네요. 해답은 문제에 대한 답, 대답은 부르거나 묻는 말에 대한 답이지요. 답이라는 말에 이미 해답이나 대답이라는 뜻이 있어요. 시험을 칠 때 가장 중요한 것은 답을 맞혔느냐 못 맞혔느냐지요? 여기서 답의 의미는 해답이에요. 해답을 바르게 알고 있으면 좋은 점수를 얻을 수 있겠죠?

해답의 뜻을 담은 답(答)

해답은 답이 맞느냐 틀리냐에 따라서 정답이나 오답 중 하나가 돼요. 정답은 시험 문제에 대한 바른 답이에요.
이와 반대로 오답은 시험 문제에 대한 잘못된 답이지요. 정답과 오답은 서로 반대의 뜻을 갖고 있네요. 답안은 시험 문제

에 대한 해답이나 그 답을 쓴 것이에요. "답안을 쓸 수 있는 시간이 5분밖에 안 남았다."라는 선생님의 말씀이 떨어지기가 무섭게 여기저기서 한숨 소리와 함께 답안지를 작성하느라 정신이 없겠죠. 답안지는 답안을 쓴 종이예요.

解	答
풀 해	대답할 답
문제에 대한 답	

■ **대답**(對대할 대 答)
부르거나 묻는 말에 대한 답

■ **답**(答)
대답 또는 해답

■ **정답**(正바를 정 答)
바른 답

■ **오답**(誤그르칠 오 答)
잘못된 답

■ **답안**(答 案책상 안)
문제에 대한 해답이나 그 답을 쓴 것

■ **답안지**(答 案 紙종이 지)
답안을 쓴 종이

대답의 뜻을 담은 답(答)

답(答)이 대답의 뜻으로 쓰이는 말들을 살펴볼까요?

부르는 말이나 물음에 응해서 하는 말은 응답이에요. 대답과 의미가 비슷하죠.

답변은 물음에 대해 밝혀서 대답하는 것이고요.

서로 반대되는 말이 묶여서 하나의 낱말을 만들기도 해요.

문답은 묻고 대답한다는 뜻이에요. 퀴즈 프로그램의 사회자가 질문하면 출연자가 대답하죠? 이것을 문답한다고 해요.

질문의 의도에 꼭 맞게 대답을 잘한다면 명답이라고 하지요.

그런가 하면 낭만적인 답도 있어요. 바로 화답이에요.

시나 노래 등에 응해서 대답하는 것을 화답이라고 해요. 환영하는 말에 대해 답을 하는 답사도 있지요. 졸업식 때 후배들의 인사에 졸업생 대표가 회답하는 답사는 가슴을 울컥하게 해요.

여기서 회답은 돌아오는 답이라는 뜻이에요.

답례는 조금 점잖은 말이에요. 남에게 받은 예를 갚는다는 뜻으로 인사나 물건, 마음, 행동 등 남에게 받은 은혜를 갚는 것이지요.

돌잔치나 결혼식장에 축하해 주러 온 손님들에게 감사의 뜻으로 답례하는 물건을 답례품이라고 하잖아요.

돌아오는 답도 알아봐야지요? 바로 답장이에요. 답장은 받은 편지에 답을 해서 보내는 편지라는 뜻이에요.

친구나 부모님께 편지 한 통씩 써 보세요. 무척 감동했다는 내용의 답장이 곧 올 테니까요.

- **응답**(應응할 응 答)
  부르는 말이나 물음에 응해서 하는 말
- **답변**(答 辯말씀 변)
  물음에 대해 밝혀서 대답함
- **문답**(問물을 문 答)
  묻고 대답함
- **명답**(名이름 명 答)
  질문의 의도에 꼭 맞게 한 대답
- **화답**(和화할 화 答)
  시나 노래에 응해서 하는 대답
- **답사**(答 辭말씀 사)
  환영하는 말에 대해 대답하는 말
- **회답**(回돌아올 회 答)
  돌아오는 답
- **답례**(答 禮예의 례)
  남에게 받은 예를 갚음
- **답례품**(答禮 品물건 품)
  답례로 주는 물건
- **답장**(答 狀문서 장)
  답을 해서 보내는 편지

씨낱말
블록 맞추기

문 제

① 공통으로 들어갈 낱말을 쓰세요.

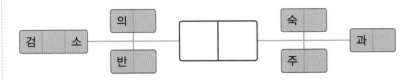

검 소 │ 의 / 반 │ □□ │ 숙 / 주 │ 과

| 문제 |
| 질문 |
| 의문 |
| 반문 |
| 검문 |
| 검문소 |
| 심문 |
| 고문 |
| 문책 |
| 숙제 |
| 과제 |
| 난제 |
| 논제 |
| 주제 |
| 의제 |
| 화제 |
| 명제 |

② 주어진 낱말을 넣어 문장을 완성하세요.

1) │ 의 │ 반 문 │ 선생님의 대답에 □□이 들면,
다시 묻는 □□을 꼭 하세요.

2) │ 난 │ 과 제 │ 이번 □□는 너무 어려워. 과제에 나온 문제들이
아주 풀기 어려운 □□라고.

3) │ 주 │ 숙 제 │ 오늘의 □□는 〈심청전〉의 □□를
찾아오는 거예요.

③ 문장에 어울리는 낱말을 골라 ○표 하세요.

1) 오늘은 학교 (숙제 / 주제)가 많아서 놀이터에서 놀 수 없어.

2) 선생님의 (문제 / 질문)에 뭐라고 답했어?

3) 이렇게 어려운 (난제 / 명제)는 아인슈타인도 풀기 힘들걸?

4) 독립운동을 했던 유관순 열사는 심한 (검문 / 고문)을 당했어.

5) 주변에 수상한 사람이 있어서 (심문 / 검문) 중이니 협조해 주시기 바랍
니다.

1 공통으로 들어갈 낱말을 쓰세요.

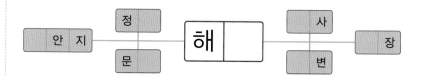

해답
대답
답
정답
오답
답안
답안지
응답
답변
문답
명답
화답
답사
회답
답례
답례품
답장

2 주어진 낱말을 넣어 문장을 완성하세요.

1) | 해 | |
   |---|---|
   | 답 | 장 |

문제의 ☐☐을 묻는 메일을 보냈더니 곧바로

☐☐이 왔다.

2) | 정 | |
   |---|---|
   | 답 | 안 |

이 ☐☐은 질문에 대한 ☐☐이 아닙니다.

3) | | 명 |
   |---|---|
   | 문 | 답 |

묻고 대답하는 것은 ☐☐,

질문의 의도에 꼭 맞게 대답하는 것은 ☐☐이다.

3 문장에 어울리는 낱말을 골라 ○표 하세요.

1) 5×2의 (정답 / 오답)은 10입니다.

2) 이 질문에 대해 뭐라고 (화답 / 답변)할 계획입니까?

3) 구조대의 부름에 (문답 / 응답)이 없는 것을 보니, 생존자가 없는 것 같아요.

4) 졸업식에서 졸업생 대표의 (답사 / 답변)을(를) 듣고 왈칵 눈물이 쏟아졌어.

5) 손님들에게 (답례 / 답사)로 드릴 떡을 답례품으로 준비했어요.

순서에 맞게 질서를 지키세요

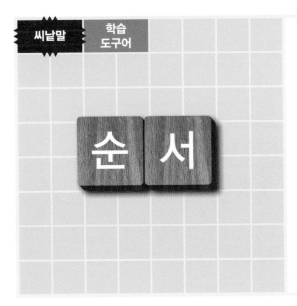

순서를 지키세요.

저기 저 좀 먼저…

화장실에 급한 볼일이 생겼는데, 순서를 기다리는 줄이 너무 길어서 난감한 순간이네요. 그래도 순서는 지켜야겠죠? 순서라는 말을 들으면 사람들이 길게 늘어서 있는 모습이 떠올라요. 그 이유는 순서의 순(順)은 순서를, 서(序)는 차례를 뜻하기 때문이에요. 순서가 정해진 차례라면, 순서에 맞는 차례는 질서예요.

순서를 나타낼 때는 순(順)

생각이나 느낌을 표현하는 말이나 글에도 순서가 있어요.
말의 순서를 어순이라고 해요. 우리말의 어순은 '누가 무엇을 어찌한다'이지요. 영어의 어순과 반대예요.
획순은 글씨를 쓸 때 획을 긋는 순서예요. 예를 들어 '가'라는 글자를 쓸 때는 먼저 'ㄱ'을 쓴 다음 'ㅏ'를 써야 획순에 맞게 쓴 거예요.
그럼 식순은 뭘까요? 어떤 식을 진행하는 순서이지요.
순번은 차례대로 돌아가는 순서고요. 교실을 청소할 때나 발표를 할 때도 순번을 정해서 하잖아요.
거꾸로 돌아가는 순서를 뜻하는 말도 있어요. 바로 역순이지요.
순서가 앞에서부터 세는 거라면, 역순은 뒤에서부터 세는 거예요.

順	序
순서 순	차례 서

정해진 차례

■ **질서**(秩차례 질 序)
순서에 맞는 차례
■ **어순**(語말씀 어 順)
말의 순서
■ **획순**(劃그을 획 順)
획을 긋는 순서
■ **식순**(式법식 順)
식을 진행하는 순서
■ **순번**(順 番차례 번)
차례대로 돌아가는 순서
■ **역순**(逆거스를 역 順)
거꾸로 돌아가는 순서

순위는 순서를 나타내는 위치예요. 어떤 시합이나 시험에서 1, 2위 순위 다툼을 벌인다는 말 들어 봤지요? 순위는 경쟁 의식과 연관이 있답니다.

서열이란 말은 순서대로 늘어서 있는 거예요. 어떤 집단에서 서열이 높다는 것은 그 위치가 높다는 뜻이지요.

순하다는 뜻의 순(順)

순(順)은 '순하다', '따르다'라는 뜻으로 쓰이는 경우가 많아요.

도리나 이치에 따른다는 뜻의 순리,

명령에 적응해서 잘 따른다는 뜻의 순응,

일이 예정대로 잘 진행되어 아무 문제가 없다면 순조롭다고 하지요.

순(順)은 '순한 성격'을 뜻하는 경우도 있어요.

온순은 성질이나 마음씨가 따뜻하고 순하다는 뜻이에요.

온순한 성격을 가진 사람은 내부분 윗사람에게 순종을 잘해요.

순종은 순순히 잘 따른다는 뜻이에요.

출산을 앞둔 사람에게 순산하라고 말하지요?

이때의 순산은 아기를 아무 탈 없이
낳으라는 뜻이에요.

그럼 순풍은 뭘까요? 목적지를 향해
가고 있는 배를 향해 부는 순한 바람
이에요.

"순풍에 돛 달고서 어서 나가자."

순풍처럼 아이를 순산하게 해 주는 병원이군!

■ **순위**(順 순할 순 位자리 위)	순서를 나타내는 위치
■ **서열**(序 列벌일 열)	순서대로 늘어섬
■ **순리**(順순할 순 理이치 리)	도리나 이치에 따름
■ **순응**(順 應응할 응)	명령에 적응해서 따름
■ **순조**(順 調고를 조)**롭다**	예정대로 잘 진행되어 아무 문제가 없다
■ **온순**(溫따뜻할 온 順)	성질이나 마음씨가 따뜻하고 순함
■ **순종**(順 從좇을 종)	순순히 잘 따름
■ **순산**(順 産낳을 산)	아무 탈 없이 아이를 낳음
■ **순풍**(順 風바람 풍)	순하게 불어오는 바람

감기 주의하세요

주 의

살면서 주의해야 할 게 참 많아요. 감기 걸리지 않게 주의해야 하고, 눈이나 비가 많이 내릴 때도 주의해야 해요. 또 도서관이나 박물관에서 지켜야 할 주의 사항도 있고요. 이처럼 주의는 마음에 새겨 조심하다는 뜻이에요. '마음 쏟다', '붓다'를 뜻하는 주(注)와 의미를 뜻하는 의(義)가 합쳐진 말이지요.

마음 쏟거나 부어 넣을 때는 주(注)

학교 가기 싫어서 꾀병을 부리다가도, 병원에 주사 맞으러 가자는 말에 벌떡 일어난 적이 있지요? 아마도 뾰족한 바늘 끝으로 주사하는 주사기가 무서워서일 거예요.

주사는 바늘을 통해 몸속에 약물을 넣는 것이고, 주사기는 주사할 때 쓰는 기구예요.

사람이 아프면 병원에 가는 것처럼 자동차도 달릴 힘이 부족할 때 주유소에 가요. 주유소 직원은 "얼마 주유해 드릴까요?"라고 물어요. 주유는 기름을 넣는다는 뜻이에요. 주유소는 기름을 넣는 곳이지요.

작은 구멍으로 액체가 들어가도록 쏟아 넣는 것을 주입이라고 해요.

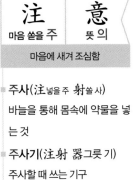

注 마음 쏟을 주	意 뜻 의
마음에 새겨 조심함	

- **주사**(注넣을 주 射쏠 사)
바늘을 통해 몸속에 약물을 넣는 것
- **주사기**(注射 器그릇 기)
주사할 때 쓰는 기구
- **주유**(注 油기름 유)
기름을 넣음
- **주유소**(注油 所장소 소)
기름을 넣는 곳
- **주입**(注 入들 입)
작은 구멍으로 액체가 들어가도록 쏟아 넣음

기름이 주입되기 시작하면 자동차에 탄 사람들은 잘 주유되고 있는
지 주유기의 숫자가 바뀌는 것을 주시하죠. 주시는 관심을 가지고
자세히 살펴본다는 뜻이에요.

식당에 가면 식당의 직원이 와서 "주문하시겠어요?"라고 묻지요?
주문은 물건을 파는 사람에게 원하는 물건의 수나 종류 등을 알려
주고 그렇게 해 달라고 부탁하는 거예요. 그래서 어른들이 물건을
살 때 '주문을 넣었다'라고 말씀하시기도 하잖아요.

자기 뜻을 나타내는 의(義)

어떤 일을 하고자 하는 마음속의 생각이나 계획을 갖고 누군가에게
접근했을 때 의도적으로 접근했다고 말해요. 또 누군가를 잘 알고
서 일부러 피하면 의식적으로 피했다고 말하지요.

가족 간에 또는 친구들과 서로 의견이 다를 때는 의견이 일치할 때
까지 토론하는 게 좋아요. 마음에도 없이 남의 의견에 찬성하는 것
은 더 나쁘거든요.

어떤 대상에 대해 갖는 생각이 의견이에요.

이렇게 의(義)는 자기의 뜻을 나타내는
말에 쓰여요.

의견이 일치하는 것은 합 □ ,
남의 의견에 찬성하는 것은 동 □ ,
마음에 새겨 조심하며 관심을
가질 때는 유 □ 한다고 말하지요.

오늘 저녁은 라면이다! 모두 **동의**하지?

주시(注마음쏟을 주 視보일 시)
관심을 갖고 자세히 살펴봄

주문(注 文글문)
원하는 물건의 수나 종류 등을
일러 주고 달라고 함

의도적(意 圖그림 도 的~하는 적)
무언가를 하려고 꾀하는

의식적(意 識알식 的)
어떤 것을 알고서 일부러 하는

의견(意 見볼 견)
어떤 대상에 대해 갖는 생각

합의(合합할 합 意뜻 의)
의견이 일치함

동의(同같을 동 意)
남의 의견에 찬성함

유의(留 머무를 유 意)
마음에 새겨 조심하며 관심 가짐

🔔 ○○적
의도적, 의식적은 '과녁 적(的)'
이 붙은 말이에요.
이처럼 낱말에 '적'이 붙으면
'~의', '~인', '~하는'의 말이
된답니다.

주	사		주	사	기		주	문		의	도	적		합				동
유			유				입			식				의	견		유	의
			소							적								

**씨낱말
블록 맞추기** 순 서

① 공통으로 들어갈 낱말을 쓰세요.

② 주어진 낱말을 넣어 문장을 완성하세요.

1) | 질 |
   | 순 | 서 |

한 명씩 ☐☐ 대로 움직여야 ☐☐ 를 지킬 수 있어.

2) | 식 |
   | 순 | 번 |

☐☐ 에 따라 입학식을 진행하고,
청소 당번은 ☐☐ 을 정해 돌아가면서 하세요.

3) | 순 | 응 |
   | 종 |

명령에 적응해서 따르는 것은 ☐☐ ,
순순히 잘 따르는 것은 ☐☐ 이다.

4) | 온 | 순 |
   | 산 |

성질이나 마음씨가 따뜻하고 순한 것을 ☐☐ ,
아무 탈 없이 아기를 낳은 것은 ☐☐ 이다.

③ 문장에 어울리는 낱말을 골라 ○표 하세요.

1) 청소를 돌아가며 해야 하니 (순번 / 순응)을(를) 정하자.
2) 과거에는 자식이 부모의 말에 무조건 (순종 / 순풍)했어.
3) 동물은 무리에서 (순리 / 서열)을(를) 가리기 위한 싸움을 치열하게 해.
4) 이 글은 문장의 (어순 / 획순)이 맞지 않아서인지, 읽어도 이해가 안 돼.
5) 글자를 쓸 때는 (어순 / 획순)에 맞게 쓰는 것이 중요해.

순서

질서

어순

획순

식순

순번

역순

순위

서열

순리

순응

순조롭다

온순

순종

순산

순풍

1 공통으로 들어갈 낱말을 쓰세요.

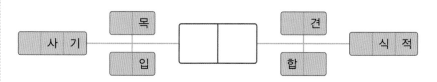

주의	
주사	
주사기	
주유	
주유소	
주입	
주시	
주문	
의도적	
의식적	
의견	
합의	
동의	
유의	

2 주어진 낱말을 넣어 문장을 완성하세요.

1) 주 사 / 의   독감에 걸리면 ☐☐를 맞아야 하니 감기 ☐☐하세요.

2) 주 유 소 / 유   기름이 떨어졌네. ☐☐☐에 들러서 ☐☐를 해야겠어.

3) 주 문 / 시   ☐☐을(를) 하려고 메뉴판을 ☐☐하고 있어요.

4) 유 / 합 의   어떤 문제에 ☐☐하기 전에는 내용을 ☐☐해서 잘 살펴봐야 한다.

3 문장에 어울리는 낱말을 골라 ○표 하세요.

1) 위험할 수 있으니 모두 (주의 / 주문)하여 들으세요.

2) 경찰이 범인으로 의심되는 사람의 행동을 (주시 / 주의)하고 있어.

3) 혹시 (의식적 / 의도적)으로 우리한테 접근한 게 아닐까?

4) 손님, (주문 / 주목)하신 메뉴가 나왔습니다.

5) 나는 이번 의견에 (동의 / 유의)할 수 없어.

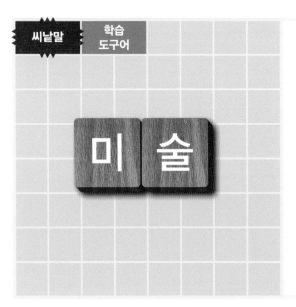

아름다운 미인을 담은 미술품

음~ 미인의 미소를 담은 **미술**의 걸작!

눈썹이 이 정도는 되어야 미인이쥐!

미술은 공간이나 시각적으로 아름다움을 표현하는 예술이에요. 그림뿐 아니라 조각, 건축, 공예, 서예 등도 모두 미술이지요. 종이 한 장과 크레파스로 그린 우리들의 그림도 멋진 미술 작품이 될 수 있어요. 자, 그럼 아름다움을 숨겨 둔 낱말들을 찾아볼까요?

사람의 아름다움을 담은 미(美)

레오나르도 다빈치의 〈모나리자〉는 전 세계적으로 많은 사랑을 받는 미술 작품 중 하나예요. 모나리자의 소리 없이 웃는 미소가 아름답기 때문이지요.

사람의 아름다움을 표현하는 말에는 '아름다울 미(美)' 자가 들어간 낱말이 참 많아요.

아름다운 사람은 미인, 얼굴이 아름다운 여자는 미녀,

얼굴이 잘생긴 남자는 미남이지요.

이렇게 아름다운 외모를 가진 사람들은 미모가 뛰어나다고 말하죠.

여성만의 아름다움은 여성☐,

남성만의 아름다움은 남성☐,

사람의 몸이 가진 아름다움은 육체☐예요.

美 아름다울 미	術 재주 술
공간이나 시각적으로 아름다움을 표현하는 예술	

■ **미소**(微작을 미 笑웃음 소)
소리 없이 방긋이 웃는 웃음

■ **미인**(美 人사람 인)
아름다운 사람

■ **미녀**(美 女여자 녀)
얼굴이 아름다운 여자

■ **미남**(美 男남자 남)
잘생긴 남자

■ **미모**(美 貌모양 모)
아름다운 외모

■ **여성미**(女 性성품 성 美)
여성만의 아름다움

■ **남성미**(男 性美)
남성만의 아름다움

■ **육체미**(肉몸 육 體몸 체 美)
사람 몸이 가진 아름다움

건강한 몸에서 나타나는 육체의 아름다움은 건강☐,
매끈하고 늘씬한 다리에서 느껴지는 아름다움은 각선☐예요.
머리를 하러 가는 미용실에도 미(美) 자가 들어가네요. 우리 용모를
아름답게 가꿔 주니까요.
그런데 얼굴이나 몸매만 아름다우면 다 미인일까요? 그렇지 않아
요. 마음씨가 고와야 진짜 미인이랍니다.

예술의 아름다움을 담은 미(美)

예술의 아름다움을 표현하는
말에도 대부분 미(美)가
숨어 있어요.
주변을 둘러보세요. 우리를
둘러싸고 있는 자연이 주는
자연미가 펼쳐져 있잖아요.
반대로 사람들이 만든 인공

적인 아름다움은 인공미라고 해요. 특히 조각, 건축 등의 미술품에
서는 입체 형상에 나타난 아름다움인 입체미가 잘 표현되지요.
최근에는 수묵화나 도자기 등 동양의 특색을 가진 동양미에 대한 관
심이 커지고 있어요.
아름다움을 탐구하는 학문은 미학이에요. 최근에는 미학을 연구하
는 사람뿐 아니라, 아름다움을 추구하고 즐기며 탐미하는 사람들이
늘어나면서 우리나라의 미술품들도 다시 해석되고 있지요.

- **건강미**
  (健건강할건 康편안할강 美)
  건강한 몸에서 나타나는 육체의 아름다움
- **각선미**(脚다리각 線줄선 美)
  다리에서 느껴지는 아름다움
- **미용실**(美 容얼굴용 室집실)
  용모를 아름답게 가꿔 주는 집
- **자연미**(自자기자 然그럴연 美)
  자연의 아름다움
- **인공미**(人 工만들공 美)
  사람이 만든 아름다움
- **입체미**(효설립 體美)
  입체 형상에 나타난 아름다움
- **동양미**
  (東동쪽동 洋큰바다양 美)
  동양의 특색을 가진 아름다움
- **미학**(美 學배울학)
  아름다움을 탐구하는 학문
- **탐미**(耽즐길탐 美)
  아름다움을 추구하고 깊이 즐김

미소 미녀 / 인 남 / 육체 자연 동양 탐미 / 건강미 인공미 미모 학

상대가 있어야 대립을 하지

상 대

숫~ 골인! ○○○ 선수의 공이 **상대** 팀 골문을 뒤흔들었습니다.

상대 팀 골문이 흔들렸으니 정말 신나겠어요. 운동 경기를 하려면 상대 팀, 상대 선수가 있어야겠지요? 상대는 '서로 상(相)' 자와 '대할 대(對)' 자가 합쳐져 글자 뜻 그대로 서로 마주 대하는 대상을 말해요. 경기를 하다 보면 상대 선수들과 대립할 때도 있지요? 대립은 의견이나 주장이 맞지 않아 상대와 서로 맞서는 것이에요. 이렇게 '상'과 '대'는 혼자가 아니라 행동의 대상이 있는 경우를 나타내는 낱말에 쓰여요.

서로의 뜻을 담은 상(相)

"여야 상호 간에 상충하는 법안을 내놓아 상당한 진통이 예상됩니다." 위의 문장은 정치와 관련된 뉴스에 흔히 나오는 말이에요. 뭔가 무척 어려운 내용처럼 들리지요? 쉽게 알 수 있는 비법을 가르쳐 줄게요. 상(相) 자가 들어가는 낱말의 뜻만 알아도 전달하려는 뜻을 대략 알 수 있어요. 상호는 상대가 되는 이쪽저쪽 모두를 가리킬 때, 상충하다는 서로 맞지 않고 어긋날 때, 상당하다는 수준이나 실력이 꽤 높거나 어지간히 많음을 나타낼 때 쓰는 말이에요.

相 서로 상	對 대할 대
서로 마주 대하는 대상	

- **대립**(對 초설립) 상대와 서로 맞섬
- **상호**(相 互서로호) 상대가 되는 이쪽저쪽 모두
- **상충**(相 衝부딪칠충)**하다** 서로 맞지 않고 어긋나다
- **상당**(相 當마땅할당)**하다** 수준이나 실력이 꽤 높거나 어지간히 많다

사람이 많을 때는 상당수라고 하지요.

그러니까 해석해 보면 '여와 야'라는 두 편이 서로 맞지 않는 법안을 내서 꽤 많은 진통(어려움)이 있을 거 같다는 이야기네요.

상충하다와 비슷한 뜻으로 상반되다는 말이 있어요. 의견이나 생각이 맞설 때는 반대라고 하지요.

그럼 상충, 상반되는 것과 반대로 서로 응하거나 어울릴 때 쓰는 낱말은 무엇일까요? 이쯤 되면 눈치로도 알 수 있겠죠? 상응하다예요.

대상의 뜻을 담은 대(對)

"우리나라 선수들은 상대 선수들과 대등한 경기를 펼쳤습니다."

이 말은 우리나라 선수들이 잘했다는 걸까요? 못했다는 걸까요?

상대 선수들과 실력 차이가 없게 멋진 경기를 펼쳤다는 말이에요.

상대와 대등한 실력을 갖추려면 상대의 실력에 대응할 알맞은 방법이나 계획을 세우는 대책이 있어야겠죠?

상대에 알맞게 행동하는 일은 대처하다나 대응하다라고 말해요.

맞설 만한 상대가 없을 때는 절대적이라고 하지요.

또 흰 것과 검은 것, 기쁨과 슬픔처럼 두 가지의 상태나 상황이 서로 반대될 때 쓰는 낱말도 있어요. 서로 비교되어 차이가 날 때는 대비되다, 서로 달라 대비될 때는 대조되다라고 해요.

여기는 무척 화창해.

여긴 태풍이 엄청나. 정말 대비되는구나.

■ **상당수**(相當 數숫자수)
어지간히 많은 수

■ **상반**(相 反반대반)**되다**
서로 반대되다

■ **반대**(反 對)
의견이나 생각이 맞섬

■ **상응**(相 應응할응)**하다**
서로 응하거나 어울리다

■ **대등**(對 等같을등)
서로 엇비슷함

■ **대책**(對 策꾀책)
상대에 대응할 방법이나 계획

■ **대처**(對 處처리할처)**하다**
상대에 알맞게 행동하다

■ **대응**(對應)**하다**
상대에 알맞게 행동하다

■ **절대적**
(絶끊을절 對 的~하는적)
맞설 만한 상대가 없는

■ **대비**(對 比견줄비)**되다**
서로 비교되어 차이가 나다

■ **대조**(對 照견주어볼조)**되다**
서로 달라 대비되다

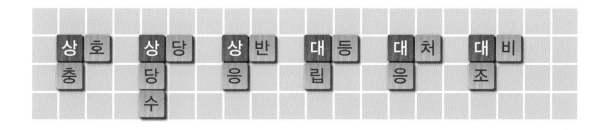

상	호	상	당	상	반	대	등	대	처	대	비
	충		당		응		립		응		조
			수								

씨낱말 블록 맞추기 미 술

1 공통으로 들어갈 낱말을 쓰세요.

건 강 ── 모 / 남 ── □ 술 ── 자 연 / 동 양 ── 녀

2 주어진 낱말을 넣어 문장을 완성하세요.

1) 미 인 / 소

모나리자는 웃는 □□이(가) 아름다운 □□ 이죠.

2) 육 / 체 / 남 성 미

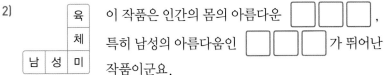

이 작품은 인간의 몸의 아름다운 □□□, 특히 남성의 아름다움인 □□□가 뛰어난 작품이군요.

3) 자 / 연 / 인 공 미

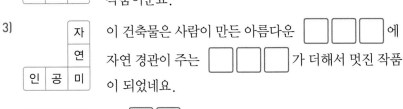

이 건축물은 사람이 만든 아름다운 □□□에 자연 경관이 주는 □□□가 더해서 멋진 작품이 되었네요.

4) 동 양 미 / 술

이 □□ 작품에서는 동양의 특별한 아름다움인 □□□을(를) 잘 느낄 수 있어요.

3 문장에 어울리는 낱말을 골라 ○표 하세요.

1) 긴 생머리는 (여성미 / 남성미)를 강조해 줘.
2) 저 모델은 매끈하고 예쁜 다리로 (각선미 / 육체미)가 유명해.
3) 조각품은 입체적인 아름다움인 (자연미 / 입체미)가 중요해.
4) 얼굴보다 마음씨가 고와야 진짜 (미인 / 미모)이야.
5) 난 아름다움을 탐구하는 (탐미 / 미학)을(를) 공부할 거야.

미술
미소
미인
미녀
미남
미모
여성미
남성미
육체미
건강미
각선미
미용실
자연미
인공미
입체미
동양미
미학
탐미

씨낱말
블록 맞추기

상 대

① 공통으로 들어갈 낱말을 쓰세요.

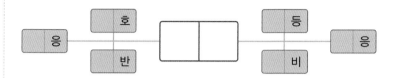

응 | 호
응 | 반 | | | 등 | 응
      | | | 비

| 상대 |
| 대립 |
| 상호 |
| 상충하다 |
| 상당하다 |
| 상당수 |
| 상반되다 |
| 반대 |
| 상응하다 |
| 대등 |
| 대책 |
| 대처하다 |
| 대응하다 |
| 절대적 |
| 대비되다 |
| 대조되다 |

② 주어진 낱말을 넣어 문장을 완성하세요.

1) 상 대 / 립   서로 맞서는 □□도 □□이(가) 있어야 할 수 있다.

2) 상 호 / 충   상대가 되는 이쪽저쪽 모두를 가리키는 것은 □□, 서로 맞지 않고 어긋나는 것은 □□이다.

3) 대 책 / 처   상대에 대응할 알맞은 방법이나 계획은 □□, 상대에 알맞게 행동하는 것은 □□이다.

4) 반 대 / 등   의견이나 생각이 맞서는 것은 □□, 서로 엇비슷한 것은 □□이다.

③ 문장에 어울리는 낱말을 골라 ○표 하세요.

1) 상태나 상황이 서로 비교되어 차이날 때 (대비 / 대응)되다라고 해.

2) 유민이와 종석이가 (대립 / 대등)한 경기를 펼쳤대.

3) 넌 나와 겨룰 (상호 / 상대)가 안 돼.

4) 하얀 백조와 까만 까마귀는 색깔이 서로 (대조 / 대등)되네.

5) 어제 회의에서는 학교 폭력에 관한 (대책 / 대조)을(를) 논의했어.

구분해서 나누어요

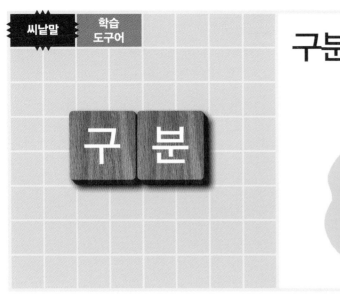

구분이 잘 되어 있네.

우리나라는 북부 지방, 중부 지방, 남부 지방 이렇게 세 지방으로 구분해요. 사계절은 봄, 여름, 가을, 겨울로 구분되지요. 구분은 어떤 일정한 기준에 따라 전체를 나누는 것을 말해요. 지역에 따라 세 지방으로 나누었고, 계절에 따라 사계절로 나누었지요? 이렇게 어떤 것을 나눌 때 '구분할 구(區)' 자와 '나눌 분(分)' 자가 쓰인답니다.

구분과 구역을 나타낼 때는 구(區)

'금연 구역'이라는 표지판을 많이 보았죠?
구역은 어떤 기준에 의해 구분해 놓은 지역이에요.
구분해 놓은 장소가 있다면 다른 장소와의 사이도 있겠죠?
구간이 바로 지점과 지점 사이를 의미한답니다. 공사 구간, 지하철 구간, 환승 구간 등의 말을 들어봤을 거예요.
또 어떤 구역만 따로 경계를 지어 둔 곳도 있어요. '그을 획(劃)' 자를 써서 구획이라고 해요. 선을 그어 두었다는 의미이지요.
'○○시 ○○구' 우리가 살고 있는 주소에서 구(區) 역시 구획에 해당하는데, 대도시에 두는 행정 구역 단위를 말해요. 그 구에 사는 사람은 ☐민이에요. 마포구에 살면 마포구 구민이지요.

區	分
구분할 구	나눌 분

일정한 기준에 따라 전체를 나눔

■ 구역(區 域구역 역)
어떤 기준에 의해 구분해 놓은 지역

■ 구간(區 間사이 간)
지점과 지점 사이

■ 구획(區 劃그을 획)
경계를 지어 나눈 구역

■ 구(區 행정 구역 구)
대도시에 두는 행정 구역 단위

■ 구민(區 民사람 민)
그 구에 사는 사람

구의 행정 사무를 맡는 관청은 ☐청,

일정한 지역으로 설정된 선거구는 지역☐,

경제, 교육 등 특별한 목적을 가지고 설치한 구역은 특구라고 해요.

나눌 때는 분(分)

환경을 위해 쓰레기는 분리배출해
요. 분리배출을 위해서 종이, 비
닐, 캔 등을 따로따로 나누어 모
아야 해요. 분리는 나누어 떨어뜨
린다는 뜻이거든요.

분리해야 할 게 많네.

과자 봉지에는 과자에 대한 성분

이 적혀 있어요. 성분은 전체를 구성하고 있는 부분이에요. 부분은
선체를 이루는 작은 일부를 말하지요.

커서 어떤 직업을 가지고 싶나요?

오늘날에는 공무원, 연예인, 과학자, 게임 개발자 등 직업의 종류
가 참 다양해졌어요. 이렇게 여러 갈래로 복잡하게 나뉠 때 분화된
다고 해요. 다시 여러 갈래로 잘게 나누는 것은 세분이고요. 공무원
을 교사, 소방관, 경찰 등으로 세분할 수 있겠죠?

'나눌 분(分)' 자가 들어간 낱말을 더 찾아볼까요?

인구처럼 여기저기 흩어져 퍼져 있는 것은 분포,

정치, 외교처럼 여러 갈래에 따라서 나눈 일은 분야,

어떤 것을 하나하나 따져서 밝히는 것은 분석이라고 하지요.

구청(區관청청 廳관청청)
구의 행정 사무를 맡는 관청

지역구(地땅지 域區)
일정한 지역으로 설정된 선거구

특구(特특별할특 區)
경제, 교육 등의 특별한 목적을
가지고 설치한 구역

분리(分나눌분 離떨어질리)
나누어 떨어짐

성분(成이룰성 分)
전체를 구성하고 있는 부분

부분(部부분부 分)
전체를 이루는 작은 일부

분화(分 化될화)
여러 갈래로 나뉨

세분(細자세할세 分)
여러 갈래로 잘게 나눔

분포(分 布펼포)
여기저기 흩어져 퍼져 있음

분야(分 野들야)
여러 갈래에 따라서 나눈 일

분석(分 析쪼갤석)
어떤 것을 하나하나 따져서 밝힘

당근의 위치는 어디일까요? 위치는 '자리 위(位)' 자와 '둘 치(置)' 자가 합쳐진 낱말이에요. 글자 그대로 사람이나 사물이 있는 곳이나 자리를 뜻해요. 그러니까 네 위치로 돌아가라는 말은 정해진 자기 자리로 가라는 뜻이겠죠?

물건을 정해진 자리에 달거나 붙여서 놓아두는 건 설치라고 해요. 언뜻 어려워 보이지만, 자리를 나타낼 때는 '위', 무언가를 둘 때는 '치'라고 기억하면 쉽답니다.

자리를 나타낼 때는 위(位)

방위라는 말만 해도 그래요. 왠지 어려운 말 같지만 방향의 위치를 방위라고 해요. 동서남북을 기준으로 위치를 나타낸 것이 방위니까요.
위(位)는 지리뿐만 아니라 개인, 단체의 지위나 수준을 나타내는 말에도 두루 쓰여요.
어떤 말들이 있는지 빈칸을 채우며 함께 살펴볼까요?
순서를 나타내는 위치나 지위는 순□라고 해요.
시험이나 경기에서는 순위가 있어요. 나라의 올림픽 경기 순위에 따라서 나라의 위상이 달라지니 하위보다는 상위가 좋겠죠?

位	置
자리 위	둘 치

사람이나 사물이 있는 곳이나 자리

■ **설치**(設베풀 설 置)
물건을 정해진 자리에 달거나 붙여서 놓아둠

■ **방위**(方방향 방 位)
방향의 위치, 동서남북

■ **순위**(順순서 순 位)
순서를 나타내는 위치나 지위

서로 간의 위치나 상태는 ☐상이라고 해요.

높은 위치나 지위는 상☐, 낮은 위치나 지위는 하☐이지요.

왕의 위치와 관련된 말도 있어요.

왕의 자리는 왕☐, 왕이 자리에 있음을 의미하는 말은 재☐이지요.

이렇게 왕의 자리와 위치를 정해 놓은 것은 지위나 계층 등의 등급 인 ☐계를 중요하게 여겼기 때문이에요.

두다는 뜻의 치(置)

누군가 갑자기 다치거나 아플 때, 119 구조 대원이 와서 가장 먼저 하는 일은 뭘까요? 바로 응급조치 예요. 조치는 필요한 대책을 세워 서 한다는 뜻이거든요. 그다음 병 원으로 옮겨 시면 의사가 환자의

이 상태로는 응급 조치를 하기가 좀...

상처를 치료하는 처치를 해요. 처치는 일을 처리하여 치워 둔다는 말이지만, 상처를 치료한다는 뜻도 있어요. 만약 환자가 입원하여 치료를 받아야 한다면 병실을 배치해 주겠지요.

'둘 치(置)' 자는 물건을 두는 것과 관련된 말에도 쓰여요.

어떤 것을 마련해 두는 것은 비치,

물건의 차례나 위치가 바뀌는 것은 도치,

다른 것으로 바뀌게 되는 것은 대치라고 해요.

어려워 보이지만 뜻을 알고 보면 쉬운 낱말을 어느새 많이 알았네요!

- **위상**(位 相서로 상)
  서로 간의 위치나 상태
- **상위**(上위 상 位)
  높은 위치나 지위
- **하위**(下아래 하 位)
  낮은 위치나 지위
- **왕위**(王임금 왕 位)
  왕의 자리
- **재위**(在있을 재 位)
  왕의 자리에 있음
- **위계**(位 階품계 계)
  지위나 계층 등의 등급
- **조치**(措둘조 置)
  필요한 대책을 세워 행함
- **처치**(處처리할 처 置)
  일을 처리하여 치워 둠, 상처를 치료함
- **배치**(配나눌 배 置)
  사람이나 물건을 알맞은 곳에 둠
- **비치**(備갖출 비 置)
  어떤 것을 마련해 둠
- **도치**(倒거꾸로 도 置)
  물건의 차례나 위치가 바뀜
- **대치**(代대신할 대 置)
  다른 것으로 바뀜

순위 상 / 하 상위 / 재 왕위 / 처 조치 / 비 배치 / 대 도치

씨낱말
블록 맞추기

구 분

1 공통으로 들어갈 낱말을 쓰세요.

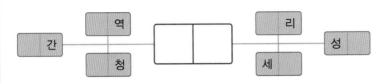

구분
구역
구간
구획
구
구민
구청
지역구
특구
분리
성분
부분
분화
세분
분포
분야
분석

2 주어진 낱말을 넣어 문장을 완성하세요.

1) 구 역 / 분
일정한 기준에 따라 전체를 나누는 것은 ☐☐ ,
어떤 기준에 의해 구분해 놓은 지역은 ☐☐ 이다.

2) 세 / 분 화
여러 갈래로 나뉘는 것은 ☐☐ ,
여러 갈래로 잘게 나누는 것은 ☐☐ 이다.

3) 성 / 부 분
전체를 이루는 작은 일부는 ☐☐ ,
전체를 구성하고 있는 부분은 ☐☐ 이다.

4) 분 야 / 석
이 의사는 오랜 시간 동안 ☐☐ 과 연구를 통해
의학 ☐☐ 에서 최고 권위자가 되었어.

3 문장에 어울리는 낱말을 골라 ○표 하세요.

1) 버스 정류장은 금연 (구역 / 구간)이야.

2) 명탐정이 되려면 우선 사건의 원인 (분리 / 분석)을(를) 잘해야 해.

3) 우리나라 인구는 서울에 가장 많이 (세분 / 분포)되어 있어.

4) 물과 기름은 (분리 / 분화)가 잘 되지 않아.

5) 마포구의 행정 사무는 마포 (구민 / 구청)에서 맡고 있어.

씨낱말
블록 맞추기

위 치

1 공통으로 들어갈 낱말을 쓰세요.

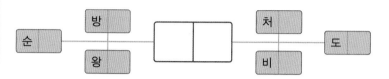

2 주어진 낱말을 넣어 문장을 완성하세요.

1) 상 / 하 위 — 이 노래는 지난주까지 ☐☐권에 있었는데, 이번 주에 ☐☐권으로 떨어졌어.

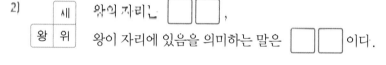

2) 새 / 왕 위 — 왕의 자리는 ☐☐, 왕이 자리에 있음을 의미하는 말은 ☐☐이다.

3) 위 상 / 계 — 서로 간의 위치나 상태는 ☐☐, 지위나 계층 등의 등급은 ☐☐이다.

4) 대 / 도 치 — 물건의 차례나 위치가 바뀌는 것은 ☐☐, 다른 것으로 바뀌게 되는 것은 ☐☐이다.

3 문장에 어울리는 낱말을 골라 ○표 하세요.

1) 가구를 잘 (배치 / 비치)하면 집 안이 훨씬 더 넓어 보여.
2) 정리를 잘하는 사람은 물건을 제 (위치 / 대치)에 잘 두는 사람이야.
3) 119 구조 대원은 환자를 응급(배치 / 조치)한 뒤 병원으로 옮겨 의사의 (처치 / 설치)를 받을 수 있도록 해 주었어요.
4) 사은품이 볼펜 대신 공책으로 (대치 / 배치)되었어.

위치 / 설치 / 방위 / 순위 / 위상 / 상위 / 하위 / 왕위 / 재위 / 위계 / 조치 / 처치 / 배치 / 비치 / 도치 / 대치

짜고 또 짜는 조직

조직은 '짤 조(組)'와 '짤 직(織)'이 합쳐진 말로 짜고 엮어서 만든다는 뜻이에요. 어떤 특정한 목적을 가진 여러 사람이 모여 이룬 집단을 말할 때도 쓰이죠. 직조는 '짤 직(織)'과 '지을 조(造)'가 합쳐진 말이에요. 짜서 짓는 거니까 기계나 베틀로 천을 짜서 완성하는 것을 말해요. 짜는 것은 조직, 짜서 완성하면 직조라고 생각하면 조금 쉬워요. 천을 짠다는 의미로 조직과 직조는 함께 쓰일 수 있지만, 동아리 같은 집단을 조직할 때는 직조라고 쓰지 않는다는 것 알아두세요.

조직과 관련된 낱말

로봇이나 피겨를 조립하는 것이 취미인 친구들이 있죠?
조립은 여러 작은 부품을 하나로 짜 맞추는 것을 말해요.
여러 사람을 모아서 짜면 조합이고요.
여러 성분으로 짜서 완성하는 것은 조성이지요. 학교에서는 독서 분위기를 조성하고, 불우한 이웃을 위해서는 성금을 조성하잖아요.
수업 시간 중에 조별로 발표하는 경우가 있지요? 이때에는 한 조를 구성하고 있는 조원들의 마음이 잘 맞아야 해요. 그래서 조원들을 대표하는 우두머리인 조장의 역할이 중요하답니다.

組 짤 조	織 짤 직
짜고 엮어서 만듦	

■ **직조**(織 造지을 조)
기계나 베틀로 천을 짜는 일

■ **조립**(組 立세울 립)
여러 작은 부품을 하나로
짜 맞춤

■ **조합**(組 合합할 합)
여럿을 모아 한 덩어리로 짬

■ **조성**(組 成이룰 성)
여러 개의 요소나 성분으로 짜
서 만듦

■ **조원**(組 員인원 원)
한 조의 구성원

■ **조장**(組 長어른 장)
조의 책임자나 우두머리

어떤 조직이든 조직의 일원인 조직원들이 조직적으로 잘 움직여야
조직의 힘인 조직력이 강해지겠죠?
이 밖에도 과학 시간에 조직이라는 말이 종종 등장해요. 같은 모양
이나 기능을 가진 동식물의 세포 모임도 조직이라고 해요.
피부 조직, 근육 조직, 세포 조직 등이 있지요.

직조와 관련된 낱말

칠월칠석에 까마귀 다리를 건너
애틋한 사랑을 확인하는 견우직
녀 이야기를 들어 본 적이 있을
거예요. 그런데 직녀라는 이름
의 뜻은 뭘까요?

정답은 '짜는 여자'예요.
무엇을 짜냐고요? 실로 짜서 천
도 만들고 옷도 만들죠.
이렇게 실로 짜서 만든 모든 물건을 직물이라고 해요.
직물은 짜는 재료에 따라 그 이름이 달라져요. 아래 빈칸에 알맞은
한자어를 넣어 가며 알아볼까요?

털실로 짜면 모☐물,
삼실로 짜면 마☐물,
목화솜으로 짜면 면☐물,
명주실로 짜면 견☐물, 또는 비단이라고 하지요.

조직원(組織 員인원 원)
조직을 이루는 사람들

조직적(組織 的~하는 적)
잘 짜인 또는 그런 것

조직력(組織 力힘 력)
짜서 이루어 내는 능력

피부 조직
(皮가죽 피 膚살갗 부 組織)
피부를 이루는 조직

근육 조직
(筋힘줄 근 肉몸 육 組織)
근육을 이루는 조직

세포 조직
(細가늘 세 胞세포 포 組織)
세포를 이루는 조직

직녀(織 女여자 녀)
낯실날 씨는 여자

식물(織 物물건 물)
실을 짜서 만든 물건

모직물(毛털 모 織物)
털실로 짠 물건

마직물(麻삼 마 織物)
삼실로 짠 물건

면직물(綿솜 면 織物)
목화솜으로 짠 물건

견직물(絹비단 견 織物)
명주실로 짠 물건

직	조		조	원		조	립		조	직	력		직	물			면	
	직			장			성			직				녀			모	직	물
										적								물	

귀신의 집으로 오세요

놀이공원에 있는 귀신의 집에 가면 무시무시한 귀신들을 잔뜩 만날 수 있어요. 소복을 입고 긴 머리를 늘어뜨린 처녀 귀신, 뿔 달린 도깨비 귀신, 피를 뚝뚝 흘리는 흡혈귀까지…. 생각만 해도 오싹하죠? 귀신은 죽은 사람의 혼령(넋)을 뜻하는 낱말이에요.

이렇게 '귀신 귀(鬼)' 자와 '귀신 신(神)' 자가 낱말에 붙으면 대개 인간과는 다른 차원에 있는 존재들을 가리킨답니다.

귀신을 뜻하는 귀(鬼)

불교에서는 아귀도에 떨어진 귀신을 아귀라고 해요. 계율을 어기거나 욕심을 너무 많이 부리면 아귀도에 떨어진대요. 아귀는 굶주리고 매를 맞는 귀신이에요.

악귀는 사람을 해치는 나쁜 귀신이고요. 흡혈귀는 사람의 피를 빨아 먹는다는 전설 속의 귀신이에요. 뱀파이어(Vampire)라고도 불러요. 검은 망토를 입고 뾰족한 이빨을 드러낸 드라큘라는 소설 속에 등

鬼	神
귀신 귀	귀신 신
죽은 사람의 혼령(넋)	

■ **아귀**(餓주릴아 鬼)
  불교에서 아귀도에 떨어진 귀신

■ **악귀**(惡악할악 鬼)
  사람을 해치는 나쁜 귀신

■ **흡혈귀**(吸마실흡 血피혈 鬼)
  사람의 피를 빨아 먹는다는 전설 속의 귀신

장하는 주인공 뱀파이어의 이름이지요.

귀신은 아니지만, 귀신같이 뛰어난 재능을 가진 사람을 귀재라고 불러요. 변신을 잘한다면 변신의 귀재예요.

신비하고 신령함을 뜻하는 신(神)

귀신이 진짜 나타난다면 무섭기도 하지만 신비하겠죠?

신비는 무척 신기하고 기묘하다는 뜻이에요.

이렇게 '귀신 신(神)' 자가 붙으면 대개 신비하고 신령한 것, 사람의 생각으로는 알 수 없는 불가사의한 것을 가리켜요.

재주와 슬기가 남달리 뛰어난 아이를 신동이라고 하잖아요.

하얗고 기다란 수염을 늘어뜨린 신선은 도를 닦아서 현실을 벗어나 자연과 벗하며 사는 상상 속의 인물이에요. 고통이나 질병도 없고, 죽지도 않는다는 신선은 동화 속에도 많이 등장하지요.

신을 모신 전각은 ☐전,

신에게 제사를 지내는 단은 ☐단,

신에 대한 신성한 이야기는 ☐화예요.

☐단수는 단군 신화의 환웅이 처음 하늘에서 그 밑으로 내려왔다는 신성한 나무지요.

☐사는 일본 왕실의 조상이나 신을 모신 사당이에요. 신사 참배는 죽은 사람의 넋을 모신 절에 가서 죽은 사람을 기리고 추모하는 일을 말해요. 이러한 일본의 신사 참배는 전쟁을 일으킨 범죄자들까지 기리고 있어서 외교적으로 불편한 문제가 되고 있지요.

귀재(鬼 才재주 재)
귀신같이 뛰어난 재능을 가진 사람

신비(神 秘숨길 비)
어떤 일이 무척 신기하고 기묘함

신동(神 童아이 동)
재주와 슬기가 남달리 뛰어난 아이

신선(神 仙신선 선)
도를 닦아서 현실을 벗어나 자연과 벗하며 사는 상상 속 인물

신전(神 殿전각 전)

신단(神 壇단 단)

신화(神 話이야기 화)

신단수(神壇 樹나무 수)
단군 신화에서, 환웅이 처음 하늘에서 그 밑으로 내려왔다는 신성한 나무

신사(神 社토지신 사)
일본에서 왕실의 조상이나 신 등을 모신 사당

신사 참배
(神社 參참여할 참 拜절 배)
죽은 사람의 넋을 모신 절에 가서 죽은 사람을 기리고 추모하는 일

1 공통으로 들어갈 낱말을 쓰세요.

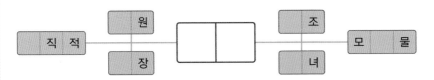

2 주어진 낱말을 넣어 문장을 완성하세요.

1) | 조 | 원 |
   | 장 | |

   한 조에 구성된 사람은 ☐☐,
   조의 책임자나 우두머리는 ☐☐이다.

2) | 조 | 직 | 력 |
   | 직 | | |
   | 적 | | |

   잘 짜인 것은 ☐☐☐,
   짜서 이루는 능력은 ☐☐☐이다.

3) | 직 | 물 |
   | 녀 | |

   옷감을 짜는 여자는 ☐☐,
   실을 짜서 만든 물건은 ☐☐이다.

4) | | 면 | |
   | 모 | 직 | 물 |
   | | 물 | |

   털실로 짠 물건은 ☐☐☐,
   목화솜으로 짠 물건은 ☐☐☐이다.

3 문장에 어울리는 낱말을 골라 ○표 하세요.

1) 댄스 동아리를 (조직 / 직조)하기로 했어.

2) 조원들 중에 동아리를 책임질 (조장 / 직녀)을(를) 뽑아야 해.

3) 여러 부품을 하나하나 잘 맞추는 것을 (조원 / 조립)이라고 해.

4) 당신을 위해 밤새 명주실로 (견직물 / 마직물)을 짰어요.

조직
직조
조립
조합
조성
조원
조장
조직원
조직적
조직력
피부 조직
근육 조직
세포 조직
직녀
직물
모직물
마직물
면직물
견직물

씨낱말 블록 맞추기 귀 신

1 공통으로 들어갈 낱말을 쓰세요.

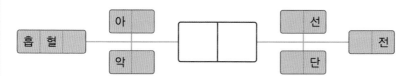

흡혈 ─ 아 / 악 ─ ☐☐ ─ 선 / 단 ─ 전

귀신	
아귀	
악귀	
흡혈귀	
귀재	
신비	
신동	
신선	
신전	
신단	
신화	
신단수	
신사	
신사 참배	

2 알맞은 낱말을 찾아 문장을 완성하세요.

1) [아 / 악 귀] 사람을 해치는 나쁜 귀신은 ☐☐, 불교에서 아귀도에 떨어진 귀신은 ☐☐다.

2) [흡 혈 귀 / 재] 뛰어난 재능을 가진 사람은 ☐☐, 사람의 피를 빨아 먹는다는 전설 속의 귀신은 ☐☐☐다.

3) [신 선 / 전] 도를 닦아서 현실의 인간 세계를 떠나 자연과 벗하며 사는 상상의 사람은 ☐☐, 신을 모신 커다란 집은 ☐☐이다.

4) [신 화 / 단 / 수] 단군 신화에서, 환웅이 처음 하늘에서 그 밑으로 내려왔다는 신성한 나무는 ☐☐☐, 신에 대한 신성한 이야기는 ☐☐다.

3 문장에 어울리는 낱말을 골라 ○표 하세요.

1) 소년의 바이올린 연주는 너무 훌륭해서 바이올린의 (귀재 / 악귀)라고 불린다.

2) 이 산의 경치는 매우 신비로워서 (신선 / 신성)이 나올 것 같아요.

3) 저는 네 살 때 한글을 읽고 써서 동네에서 (신동 / 신정)으로 불렸어요.

정답 | 142쪽

가로 열쇠

2) 땅속에 묻힌 동물이 변해 만들어진 기름
4) 이상하거나 수상해서 의심스럽게 생각함
6) 화장할 때 쓰는 종이 또는 휴지
7) 원하는 물건의 수나 종류 등을 일러 주고 달라고 함
"○○하시겠어요?", "○○을 넣었다."
10) 어떤 것을 하나하나 따져서 밝히는 것
12) 암수한그루
14) 생활 습관이 되게 함. "물 절약을 ○○○해야 해."
15) 사람이나 사물이 있는 곳이나 자리
17) 짜고 엮어서 만듦. 피부 ○○, 근육 ○○, 세포 ○○
18) 큰 도시. 소도시 ↔ ○○○
20) 중심이 되는 생각이나 문제

세로 열쇠

1) 아름답고 귀한 돌
3) 마음에 새겨 조심하며 관심을 가짐
5) 한 사회의 모든 생활 습관과 풍습, 예술 등
7) 바늘로 몸속에 약물을 넣는 것
9) 자세히 따져 물음
10) 나뉘어 떨어짐. ○○배출
12) 철을 끌어당기는 돌. 막대○○, 원형 ○○
13) 태어난 달을 대표하는 보석
15) 뛰어나게 훌륭함
17) 필요한 대책을 세워 행함. 응급○○
18) 부르거나 묻는 말에 대한 답
20) 관심을 갖고 자세히 살펴봄

땅속에 사는 지룡

地
땅 지

크오오~

캬오~ 나는
지룡이다!

응~ 투아악~

지룡의 지는 '땅 지(地)'! 지렁이는 용과 생김새가 비슷해서 땅에 사
는 용으로 불리지요. 지렁이는 '지룡+이'가 변해서 생긴 말이에요.
지렁이는 땅속에 굴을 파고 생활을 해요.
땅 아래, 즉 지하가 지렁이의 주요 생활 무대이지요.
지(地)가 들어가는 다른 낱말을 완성해 보세요.
땅바닥은 ☐면,
땅 위는 ☐상이라고 해요.
지룡은 땅에 사는 용이라서
하늘을 날 수 없어요.
육지에서만 살아야 하지요.
육지는 큰 땅덩어리인 대륙과
연결되어 있는 땅을 말해요.
지(地)가 들어가는 또 다른 낱말을 완성해 볼까요?
땅의 성질은 ☐질,
땅이 흔들리는 것은 ☐진,
땅에 묻혀 있어서 밟으면 터지는 폭약은 ☐뢰,
땅과 하늘이 맞닿아 있는 평평한 선은 ☐평선.

쟤는 못 날아?

부럽다.

地	땅 지

- **지룡**(地 龍용룡) = 지렁이
  땅의 용
- **지하**(地 下아래하)
  땅 아래, 땅속
- **지면**(地 面표면면)
  땅바닥
- **지상**(地 上위상)
  땅 위
- **육지**(陸뭍육 地)
  대륙과 연결되어 있는 땅
- **지질**(地 質바탕질)
  땅의 성질
- **지진**(地 震흔들릴진)
  땅이 흔들리는 일
- **지뢰**(地 雷우뢰뢰)
  밟으면 터지는 땅에 묻힌 폭약
- **지평선**(地 平평평할평 線줄선)
  땅과 하늘이 맞닿아 있는 평평
  한 선

지렁이는 하늘을 날 수는 없지만, 땅을 갈아서 기름지게 만드는 재주가 있어요. 그래서 농사짓는 땅에는 지렁이가 많을수록 좋지요.
농사를 짓기 위한 땅은 농지라고 해요.
땅은 쓰임새나 생김새에 따라 부르는 말이 달라요.

쓰임새나 생김새에 따른 땅의 이름을 완성해 보세요.
집을 지을 땅은 택□,
건축물이나 도로를 만들기 위해 마련한 땅은 부□,
식물이 자라지 못하는 거칠고 메마른 땅은 불모□,
아주 거친 땅은 황무□.
외따로 떨어져 후미지고 으슥한
곳은 벽지라고 해요.
비슷한 말로 오지라고도 해요.
산이 많은 곳은 산지,
평평한 땅은 평지예요.

이 벽지에도 볕 들 날 있구나.

조심해! 우린 햇볕 많이 쬐면 살기 힘들어.

그런데 산지에도 평지가 있을
수 있어요. 바로 분지이지요.
분지는 사방이 산으로 둘러싸이고, 그릇 밑바닥처럼 생긴 평평한
땅을 말하거든요.
그럼 이 모든 땅을 포함하는 대자연의 넓고 큰 땅은 뭐라고 할까요?
맞아요. 대지(大地)라고 하지요.

地 땅 지

■ **농지**(農농사농 地)
농사짓는 땅

■ **택지**(宅집택 地)
집을 지을 땅

■ **부지**(敷펼부 地)
건축물이나 도로 등을 만들기 위해 마련한 땅

■ **불모지**(不아니불 毛초목모 地)
식물이 자라지 못하는 거칠고 메마른 땅

■ **황무지**(荒거칠황 蕪거칠무 地)
아주 거친 땅

■ **벽지**(僻후미질벽 地)
후미진 땅. 도시에서 멀리 떨어져 있어 교통이 불편하고 혜택이 적은 곳

■ **오지**(奧후미질오 地)
후미진 땅. 해안이나 도시에서 멀리 떨어진 땅

■ **산지**(山뫼산 地)
산이 많은 곳

■ **평지**(平평평할평 地)
평평한 땅

■ **분지**(盆그릇분 地)
사방이 산으로 둘러싸이고, 그릇 밑바닥처럼 생긴 평평한 땅

■ **대지**(大큰대 地)
대자연의 넓고 큰 땅

뭐? 나의 **농지**에 신도시가 들어선다고?

으악, 웬 날벼락, 완전 **경천동지**할 일!

地 | **땅 지**

■ **경천동지**(驚놀랄경 天하늘천 動움직일동 地)
하늘이 놀라고 땅이 흔들릴 만큼 놀라움. 세상을 몹시 놀라게 함을 비유하는 말

■ **천지**(天地)
하늘과 땅, 온 세상

■ **고금천지**
(古옛고 今이제금 天地)
예전부터 지금까지의 온 세상

■ **대명천지**
(大큰대 明밝을명 天地)
환하게 밝은 온 세상

■ **지구**(地 球공구)
땅으로 만들어진 큰 공, 우리가 사는 행성

■ **지구본**(地球 本뜸틀본)
= **지구의**(地球 儀본뜸의)
지구를 본뜸 모형

열심히 농지를 일궜는데 그곳에 신도시가 들어선다니, 이제 지렁이는 어쩌죠? 지렁이에게 정말 놀랄 소식이겠어요.

경천동지는 하늘이 놀라고 땅이 흔들릴 만큼 놀랍다는 말이에요.

경(驚) 자가 놀라다는 뜻이거든요.

하늘과 땅을 뜻하는 천지(天地)는 온 세상이라는 뜻으로도 자주 쓰이는 말이에요.

낱말과 낱말의 뜻을 바르게 연결해 보세요.

1) 예전부터 지금까지의 온 세상 •   • 대명천지(大明天地)

2) 환하게 밝은 온 세상   •   • 고금천지(古今天地)

조금 어려웠나요? 정답은

1) 고금천지, 2) 대명천지예요.

땅으로 만들어진 크나큰 공 모양의 지구는
우리가 사는 행성이지요.
지구를 본떠 만든 모형은 지구본
또는 지구의라고 해요.

오케이~!

나, **지구본**

조물주님, **지구** 다음 만드실 건 달입니다.

흙

🔔 이런 말도 있어요

양지는 햇볕이 드는 곳, 음지는 햇볕이 들지 않는 그늘진 곳이에요.
양지는 형편이 좋은 것, 음지는 형편이 안 좋은 것을 비유적으로 나타내기도 해요.

■ **양지**(陽볕양 地) 햇볕이 드는 곳   ■ **음지**(陰그늘음 地) 그늘진 곳

地　형편 지

■ **졸지**(猝 갑자기 졸 地)
갑작스러운 처지

■ **처지**(處 처할 처 地)
처한 형편

■ **궁지**(窮 어려울 궁 地)
곤란하고 어려운 일을 당한 처지

■ **지위**(地 位 자리 위)
집단 안에서의 처지, 신분

모범 농사꾼 지렁이가 졸지에 실업자가 됐군요. 졸지(猝地)는 갑작스러운 처지를 말해요. 처지는 처한 형편을 뜻하고요.
여기서 지(地)는 형편이란 뜻으로 쓰였어요.
'지'의 뜻을 생각하며 다음 빈칸을 채워 보세요.
곤란하고 어려운 일을 당한 처지는 궁☐ ,
집단 안의 처지, 즉 신분을 뜻하는 말은 ☐위.
다른 지렁이들이 실업자가 된 지렁이를 여러
견지에서 바라보며 이야기하고 있네요.
견지는 보는 입장을 말해요.
입장은 서 있는 자리를 말하고요.
그러니 어디에 서느냐에 따라 보이는 게
달라지겠죠?
지(地)에는 이렇게 '입장'이라는 뜻도 있거
든요. 지렁이의 땅을 빼앗아 간 도시 개발은 교육적 견지로 보나,
도덕적 견지로 보나 좋은 평가는 받지 못하겠네요.

地　입장 지

■ **견지**(見 볼 견 地)
보는 입장

| 지하 | 지면 | 지상 | 육지 | 지평선 | 산지 |
| 평지 | 천지 | 지구 | 처지 | 지위 | 견지 |

地
땅 지

| 지룡 |
| 지렁이 |
| 지하 |
| 지면 |
| 지상 |
| 육지 |
| 지질 |
| 지진 |
| 지뢰 |
| 지평선 |
| 농지 |
| 택지 |
| 부지 |
| 불모지 |
| 황무지 |
| 벽지 |
| 오지 |
| 산지 |

① 공통으로 들어갈 한자를 따라 쓰세요

농 / 택 / 부 — 평선 — 地 땅 지 — 불 모 — 룡 / 하 / 면

② 어떤 낱말에 대한 설명인지 쓰세요.

1) 외따로 떨어져 있는 후미진 땅 ➡ ☐☐

2) 지구를 본뜬 모형 ➡ ☐☐☐

3) 집을 지을 땅 ➡ ☐☐

4) 땅에 묻혀 있어 밟으면 터지는 폭약 ➡ ☐☐

5) 땅의 아래 ➡ ☐☐

③ 알맞은 낱말을 찾아 문장을 완성하세요.

1) 평평한 땅인 ☐☐에는 반듯한 큰길이 나 있었어.

2) 반대쪽 산이 많은 ☐☐에는 간간이 과일나무들이 심어져 있어.

3) 우리 병원은 매달 외따로 떨어진 낙도와 산간 ☐☐(으)로 의료 활동을 떠나.

4) 대구는 높은 산들로 둘러싸인 ☐☐에 생긴 도시야.

5) 땅속에 굴을 파고 생활하는 지렁이의 생활 무대는 ☐☐(이)야.

4 문장에 어울리는 낱말을 골라 ○표 하세요.

1) 건축물이나 도로를 만들기 위해 마련한 땅은 (택지 / 부지)야.

2) 아주 거친 땅을 (황무지 / 오지)라고 해.

3) 회사가 문을 닫는 바람에 (궁지 / 졸지)에 실업자가 되었어.

4) 아무리 가도 모래와 돌멩이뿐인 (벽지 / 불모지)만 나타났어.

5) 수업 시간에 여러 대륙을 배우기 위해 (지구본 / 지평선)을 준비했어.

5 그림을 보고, 빈칸에 들어갈 알맞은 낱말을 쓰세요.

유민 : 어제 낮에 우리 집에 도둑이 들었어.

종석 : 저런, 밝은 대낮에?

유민 : 응, 밤도 아니고 ☐☐ 천지에 도둑이 웬일이니.

6 그림과 어울리는 낱말을 연결하세요.

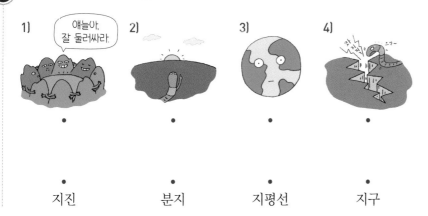

1) 애늘아, 잘 둘러싸라.

2)

3)

4)

지진

분지

지평선

지구

| 평지 |
| 분지 |
| 대지 |
| 경천동지 |
| 천지 |
| 고금천지 |
| 대명천지 |
| 지구 |
| 지구본 |
| 지구의 |
| 양지 |
| 음지 |
| 졸지 |
| 처지 |
| 궁지 |
| 지위 |
| 견지 |

기름 넣는 장소는 주유소

所 장소 소

아, 저기까지 가야 기름을 넣을 수 있는데…

차에 기름이 다 떨어져 가서 돼지 아저씨가 불안해하고 있군요. 차에 기름을 넣는 곳은 어디일까요? (   )

① 주유방   ② 주유실   ③ 주유소   ④ 주유점

맞아요. 정답은 ③번, 주유소예요. '넣을 주(注)', '기름 유(油)' 자에 장소를 뜻하는 소(所)가 합쳐진 말이에요.

어떤 일을 하는 곳을 말할 때, 소(所)라는 한자를 붙여요.

장소를 뜻하는 '소'가 들어간 말들을 더 알아볼까요?

주소(住所)는 우리가 사는 곳을 말해요.

배를 만드는 곳은 조선소,

고속 도로를 달리다 쉬어 가는 곳은 휴게소이지요.

자, 그럼 다음 빈칸을 채울 수 있겠죠?

전기를 만드는 곳은 발전□,

이발을 하는 곳은 이발□,

세탁을 하는 곳은 세탁□.

빈칸에 들어갈 말은 모두 장소를 뜻하는 소(所)!

所 장소 소

주유소(注넣을주 油기름유 所)
기름을 넣는 곳

주소(住살주 所)
사는 곳

조선소(造만들조 船배선 所)
배를 만드는 곳

휴게소(休쉴휴 憩쉴게 所)
쉬는 곳

발전소
(發일으킬발 電전기전 所)
전기를 만드는 곳

이발소
(理다스릴이 髮머리털발 所)
이발을 하는 곳

세탁소
(洗씻을세 濯씻을탁 所)
세탁을 하는 곳

80

다음 중 '묘가 있는 곳'과 관계가 없는 말은 무엇일까요? (   )

① 묘소   ② 산소   ③ 수소

所 장소 소

- **묘소**(墓무덤묘 所) 묘가 있는 곳
- **산소**(山뫼산 所) 뫼(묘)의 높임말
- **소재**(所 在있을재) 있는 곳
- **소재지**(所在 地땅지) 건물이나 기관 등이 있는 곳
- **장소**(場마당장 所) 하는 곳, 있는 곳

정답은 ③번이에요. 묘소는 묘가 있는 곳이에요.

산소 역시 무덤(뫼)이 있는 곳이란 뜻이죠.

이때 산은 바다, 강, 산의 그 산이 아니라, 무덤이란 뜻이라는 걸 알아두세요. 여기서 소(所)는 무엇이 있는 곳을 뜻해요.

감자 양이 생각한 소재는 소재(素材)예요.

어떤 것의 재료라는 말이지요. 하지만 버섯 군이 말한 것은 소재(所在)예요. 어떤 것이 '있는 곳'을 뜻하는 말이지요.

'땅 지(地)' 자를 붙여 소재지(所在地)라고 해도 같은 뜻이 되지요.

아래 빈칸에 들어갈 알맞은 말은 무엇일까요? (   )

친구와 약속을 했어요. 멀리서도 눈에 잘 띄는 광장 시계탑으로 만날 □□를 정했습니다.

① 미소
② 소지
③ 장소

맞아요. 정답은 ③번, 장소예요.

장소(場所)는 '무엇을 하는 곳'과 '무엇이 있는 곳'을 의미하며 두루두루 쓸 수 있는 말이거든요.

🔔 **적재적소**

적절한 인재를 적절한 자리에 쓰는 것을 적재적소(適알맞을 적 材인재재 適所)라고 해요.

하하하! 가지고 있는 것을 다 내놓으라고 하니 소지품을 내놓았군요. 할 수 없죠. 소지품이 지니고 있는 물건이라는 뜻이니까요.
이렇게 소(所)는 '~한 것'을 뜻하기도 해요.
다음 글을 읽으며 소(所)가 들어간 낱말을 완성해 볼까요.
어떤 무리에 속하는 것은 ☐속,
일을 해서 얻은 것은 ☐득,
어떤 일을 할 때 필요한 것은 ☐요.
빈칸에는 모두 '~한 것'을 의미하는 '소'가 들어갔어요.

소지와 소유는 둘 다 가지고 있는 것을 뜻하지만 그 쓰임새가 달라요. 소지는 지금 내가 들고 있는 것이나 몸에 지니고 있는 것을 말하지만, 소유는 지금 가지고 있든, 집에 있든 나의 것이라고 정해져 있는 모든 것을 말해요.
소출(所出)은 논밭에서 나온 것을 뜻해요. 즉 수확한 곡식을 말하지요.

所	~한 것 소

- **소감**(所 感느낄 감)
  느낀 것
- **소중**(所 重중요할 중)
  중요한 것
- **소신**(所 信믿을 신)
  믿는 것
- **소기**(所 期기대할 기)
  기대한 것
- **소문**(所 聞들을 문)
  들은 것
- **소원**(所 願바랄 원)
  바라는 것
- **소견**(所 見볼 견)
  보고 판단한 것

영화나 공연을 보고 나서 '느낀 바'를 무엇이라고 할까요? (　　　)

① 느끼　　　　　② 감소　　　　　③ 소감

정답은 ③번, 소감이에요. '느낀 것'이라는 뜻이죠. '~한 것', '~한 바'의 소(所)는 이처럼 느끼고 생각하는 말에도 쓰여요.

우리가 중요하게 생각하는 것은 소중하다고 하잖아요. 어떤 것이 옳고 그른지 믿는 것이 확실하면 소신 있다라고 말하죠.

소(所)의 뜻을 생각하며 다음 빈칸을 채워 볼까요?

기대하는 바는 □기,

어디선가 들은 바는 □문,

간절히 바라는 바는 □원.

소견은 본 것이라고 풀이되지만, 단순히 눈으로 본다는 말이 아니에요. 보는 것을 통해서 생각하고 의견을 가지게 된다는 말이죠. 그래서 소견은 보고 판단한 것을 뜻해요.

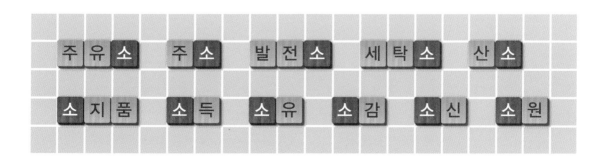

所
장소 소

주유소

주소

조선소

휴게소

발전소

이발소

세탁소

묘소

산소

소재

소재지

장소

적재적소

1 공통으로 들어갈 한자를 따라 쓰세요.

주
산 — 세 탁 — 所 — 지 품 — 속
장   장소 소   유
                                                득

2 어떤 낱말에 대한 설명인지 쓰세요.

1) 묘가 있는 곳 ➡ ☐☐

2) 건물이나 기관 등이 있는 곳 ➡ ☐☐☐

3) 사는 곳 ➡ ☐☐

4) 속하는 것 ➡ ☐☐

5) 얻은 것 ➡ ☐☐

3 알맞은 낱말을 찾아 문장을 완성하세요.

1) 전기를 만드는 곳을 ☐☐☐ (이)라고 하지요.

2) 배를 만드는 곳을 ☐☐☐ (이)라고 해요.

3) 고속 도로를 달리다 잠시 쉬어 가는 곳은 ☐☐☐ (이)지요.

4) 기름이 떨어져서 급히 ☐☐☐ 에 들렀어요.

5) 유민이와 만날 ☐☐ 을(를) 학교 앞 서점으로 정했어요.

4 문장에 어울리는 낱말을 골라 ○표 하세요.

1) 나는 바비 인형을 10개 이상 (소지 / 소유)하고 있어.

2) 나는 지금 100원짜리 5개를 (소지 / 소유)하고 있어.

3) 내 (소견 / 소원)은 새 컴퓨터를 갖는 거야.

5 다음 중 밑줄 친 '소'의 뜻이 나머지와 다른 것을 고르세요. (   )

① 주유소   ② 세탁소   ③ 소리   ④ 주소

6 그림을 보고, 빈칸에 들어갈 알맞은 낱말을 [보기]에서 찾아 쓰세요.

보기   소문   소감   소신   소견

1) 뭐? K군이랑 Y양이랑 사귄다고?

2) 환자 분의 증상을 보고 판단한 결과 제…

3) 이 영화, 너무 재미있고 컴퓨터 그래픽도 좋지 않니?

4) 엄마가 뭐라고 얘기해도 디자인 공부를 하겠다는 저의 뜻은 굽힐 수 없어요.

소지

소지품

소속

소득

소요

소유

소출

소감

소중

소신

소기

소문

소원

소견

현대에 살고 있는 현재의 내 모습

민호가 타임머신을 타고 시간 여행을 하고 있어요. 민호가 아기였을 때는 과거, 어른일 때는 미래예요. '그럼 지금 바로 이 순간'은 무엇이라고 할까요? (   )

① 현상   ② 현재   ③ 현지

맞아요. 정답은 ②번, 현재예요. 지금 바로 이 순간을 뜻하지요.
현(現)은 '지금'을 뜻해요.

'현재'와 비슷한 뜻의 낱말이 <u>아닌</u> 것은 무엇일까요? (   )

① 현세   ② 현대   ③ 현금

정답은 ③번이에요. 현세란 지금의 세상을 뜻해요.
현대란 지금의 시대를 뜻하고요.
낱말 앞에 현(現)이 붙으면 '지금'이라는 뜻이 더해져요.
현 대통령이라고 하면 지금의 대통령을 가리키죠.
지금 시각은 ☐ 시각, 지금의 정부는 ☐ 정부지요.

現 지금 현

■ 현재(現 在있을 재)
지금 바로 이 순간
■ 현세(現 世세상 세)
지금의 세상
■ 현대(現 代시대 대)
지금의 시대

현 시각
11시 55분,
점심시간 5분 전.

아유, 배고파.

재우는 부산에서 태어나 서울에 살고 있어요.
한 달 후에는 광주로 이사를 갈 계획이에요. 그럼
'현주소'란에는 어디를 적어야 할까요? (   )

① 부산   ② 서울   ③ 광주

現	지금 현

- **현주소**(現 住살주 所장소 소)
  현재 살고 있는 곳
- **현직**(現 職직업 직)
  현재의 직업
- **현업**(現 業일 업)
  현재의 직업
- **현황**(現 況상황 황)
  현재의 상황
- **현존**(現 存있을 존)
  현재 있음
- **현실**(現 實사실 실)
  현재 실제로 존재하는 사실이
  나 상태
- **현상**(現 狀형상 상)
  나타나 보이는 현재의 모양이
  나 상태
- **현행**(現 行행할 행)
  현재 행하고 있음
- **현행범**(現 行 犯범인 범)
  현재 범죄를 저지르고 있는 사람

맞아요. 정답은 ②번, 서울이겠죠?
현주소는 현재 살고 있는 곳을 말하니까요.
현재의 직업은 현직이에요. '일
업(業)' 자를 써서 현업이라
고도 하지요. 지금 경찰을
하고 있는 사람은 현직 경
찰, 과거에 경찰이었던 사
람은 전직 경찰이라고 말하
거든요.

나는 **현직** 경찰!

나는 **전직** 경찰.

현재를 나타내는 다른 말을 완성해 볼까요?
현재의 상황은 □황,
현재 있는 것은 □존,
현재 실제로 존재하는 사실이나 상태는 □실,
나타나 보이는 현재의 모양이나 상태는 □상.

현행이란 현재 행하고 있는 것
을 뜻해요. 그럼 현행범은 현
재 범죄를 저지르고 있는 사람
을 말하겠죠?
현행 범인이 바로 현행범이죠.
현재 시행되고 있는 제도는 현
행 제도, 현재 시행되고 있는
입시 제도는 현행 입시 제도지요.

꼼짝 마!
현행범으로
체포한다!

<table>
<tr><td>現</td><td>나타날 현
나타낼 현</td></tr>
</table>

■ **현몽**(現 夢꿈몽)
꿈에 나타남

■ **출현**(出나타날출 現)
나타남

■ **실현**(實실제실 現)
실제로 나타남

■ **재현**(再다시재 現)
다시 나타냄

■ **구현**(具구체구 現)
구체적으로 나타냄

■ **표현**(表겉표 現)
겉으로 나타냄

꿈에 신선 할아버지가 나타났어요! 이처럼 죽은 사람이나 신령이 꿈에 나타나는 것을 현몽이라고 해요.

'꿈에 나타나다'라는 뜻이지요.

이처럼 현(現)은 '나타나다', '나타내다'라는 뜻으로도 쓰여요.

다음 중 '나타나다'라는 뜻을 가진 낱말은 무엇일까요? (　　)

① 출산　　　　② 출현　　　　③ 출가

맞아요. 정답은 ②번, 출현이에요. 출(出)과 현(現) 모두 나타나다는 뜻을 가지고 있거든요. 빈칸을 채워 다음 낱말을 완성해 보세요.

꿈이나 기대가 실제로 나타나는 것은 실□,

다시 나타내면 재□,

구체적으로 나타내면 구□,

생각을 말, 글, 몸짓 등 겉으로 나타내면 표□이라고 해요.

🔔 이런 말도 있어요

현상(現象)은 우리가 알고 깨달을 수 있는 사물의 모양과 상태를 말해요. 여름날 밤, 열대지방처럼 날씨가 무더운 상태를 열대야 현상이라고 하죠. 한편, 한글은 같지만 한자가 다른 현상(現像)도 있어요. 필름을 약품으로 처리하여 상이 나타나게 하는 것이 현상이지요.

열대야 현상　　　　필름 현상

삼촌이 조카에게 현금을 빌려 달라고 하네요. 현금은 수표나 신용 카드가 아니라, 실제 돈인 지폐와 주화를 말해요. 돈을 뜻하는 종잇 조각이라는 뜻에서 현찰이라고도 하지요.

이처럼 현(現)은 '실제'를 뜻하기도 해요.

다음 중, 금융 기관에서 돈을 넣고 뺄 수 있는 기계를 뜻하는 말은 무엇일까요? (   )

① 현금 입금기   ② 현금 춘금기   ③ 현금 입출 금기

정답은 ③번, 현금 입출금기예요.

입금은 현금을 넣는 것, 출금은 빼는 것, 입출금은 넣고 빼는 것을 의미하거든요.

현금이 아닌 실제 물건은 현물(現物)이에요. 비슷한 말은 현품(現品) 이에요. 현품의 '품'은 물건을 뜻해요.

돈이 생기기 전에는 실제의 물건끼리 맞바꾸는 현물 거래를 많이 했답니다.

現	실제 현

- **현금**(現 金돈금)
  실제 돈인 지폐와 주화
- **현금 입출금기**(現金 入넣을
  입 出내보낼출 金 機기계 기)
  현금을 넣고 뺄 수 있는 기계
- **현찰**(現 札얇은조각 찰)
  돈을 뜻하는 종잇조각
- **현물**(現 物물건 물)
  = **현품**(現 品물건 품)
  실제의 물건
- **현물 거래**
  (現物 去갈 거 來올래)
  실제의 물건끼리 맞바꿈

| 현 재 | 현 세 | 현 주 소 | 현 업 | 현 존 | 현 행 |
| 현 몽 | 출 현 | 표 현 | 현 금 | 현 찰 | 현 물 |

現
지금 현

현재

현세

현대

현주소

현직

현업

현황

현존

현실

현상(現狀)

현행

1 공통으로 들어갈 한자를 따라 쓰세요.

| 재 | | | | | | | | | | 재 |

구 ━ 주 소 ━ 現 ━ 물 거 래 ━ 대

표 지금 현 상

2 어떤 낱말에 대한 설명인지 쓰세요.

1) 현재 있는 것 ➡ ☐☐

2) 실제의 돈인 지폐와 주화 ➡ ☐☐

3) 구체적으로 나타냄 ➡ ☐☐

4) 나타나 보이는 현재의 모양이나 상태 ➡ ☐☐

5) 현재 살고 있는 곳 ➡ ☐☐☐

3 알맞은 낱말을 찾아 문장을 완성하세요.

1) 과거에 연연하지 말고 ☐☐ 에 충실해야 해.

2) 빨리 게임 세상에서 벗어나 ☐☐ (으)로 돌아와.

3) 보석 가게에 든 강도는 현장에서 ☐☐☐ (으)로 체포되었어.

4) 지금은 은퇴하셨지만, 아버지는 ☐☐ 때 유명한 경찰이셨어.

5) ☐☐ 사회는 정보화 사회라고도 해.

4 문장에 어울리는 낱말을 골라 ○표 하세요.

1) 가수의 갑작스러운 (구현 / 출현)으로 사람들이 깜짝 놀랐어.

2) 그 가게에서는 (현금 / 현물)(으)로 물건을 사면 값을 깎아 줘.

3) 대통령은 수해 (현황 / 현세)을(를) 보고받고, 급히 수해 지역으로 이동했어.

4) 쥐들이 줄지어 큰길가를 질주하는 기이한 (현찰 / 현상)을 목격했어.

5 빈칸에 들어갈 알맞은 낱말을 [보기]에서 찾아 쓰세요.

보기	현세	표현	현몽

종석 : 돌아가신 할아버지가 어젯밤 꿈에 ☐☐ 하셨어!

현우 : 정말? 그것 참, 뭐라 ☐☐ 하기 힘든 놀라운 경험이구나!
너한테 뭐라고 하셨어?

종석 : 저세상에 있다 보니, ☐☐에 있는 가족들 안부가 궁금하다고
하셨어.

6 글자판의 가로, 세로, 대각선 방향으로 여러 낱말이 숨어 있어요.
알맞은 낱말을 골라 ○표 하세요.

1) 현금을 넣고 뺄 수 있는 기계는

현금 ☐☐☐☐

2) 다시 나타내는 것은 ☐☐

3) 실제의 물건끼리 맞바꾸는 것은

☐☐ ☐☐

4) 지금 바로 이 순간은 ☐☐

직	재	생	탑	부	입
석	소	현	신	두	출
불	탑	물	미	한	금
대	원	거	상	소	기
안	답	래	구	질	희
진	출	현	재	기	단

현행범

현몽

출현

실현

재현

구현

표현

현상(現象)

현상(現像)

현금

현금
입출금기

현찰

현물

현품

현물 거래

먼저 온 내 발이 선점의 증거

先
먼저 선

아하, 발자국이 누가 먼저인지 증명해 주었군요. 먼저 간 사람의 발자국을 뜻하는 선(先)은 시간이나 순서상의 '앞에', '먼저'라는 뜻을 가지고 있어요.

주자가 홈 베이스를 선점했었네요.

남보다 먼저 무엇을 차지하는 것을 선점이라고 해요. 다른 약속보다 먼저 한 약속은 선약, 남보다 먼저 일을 시작하거나 길을 떠나는 것은 선발(先發)이지요.

선의 의미를 생각하며 빈칸을 채워 낱말을 완성해 볼까요?

먼저 길을 떠난 무리는 ☐☐대,
먼저 출발한 사람은 ☐☐ 주자.

먼저 공격하는 것은 선공(先攻)이에요. 아무래도 먼저 공격하면 이기기가 쉽겠죠? 선제공격은 상대를 억누르기 위해 먼저 공격한다는 뜻이에요.

先 먼저 선

- **선점**(先 占차지할점)
  먼저 차지함
- **선약**(先 約약속약)
  먼저 한 약속
- **선발**(先 發떠날발)
  먼저 떠남, 먼저 일을 시작함
- **선발대**(先發 隊무리대)
  먼저 떠난 무리
- **선발 주자**
  (先發 走달릴주 者사람자)
  먼저 출발한 사람
- **선공**(先 攻공격할공)
  먼저 공격함
- **선제공격**
  (先 制누를제 攻擊부딪힐격)
  상대를 억누르기 위해 먼저 공격함

先 먼저 선

■ 선착(先 着도착할 착)
먼저 도착함

■ 선착순(先着 順차례 순)
먼저 도착한 순서

■ 선발 업체
(先 發떠날 발 業일업 體몸 체)
먼저 시작한 업체

먼저 도착한 것은 선착, 먼저 도착한 순서는 선착순, 먼저 시작한 업체는 선발 업체예요.

'먼저 선(先)'의 반대는 '나중 후(後)'예요.

그래서 나중에 출발하는 것은 후발이라고 해요.

빈칸을 채워 낱말을 완성해 보세요.

나중에 출발한 무리는 ☐☐대,

나중에 시작한 업체는 ☐☐ 업체라고 하지요.

後 나중 후

■ 후발(後發)
나중에 떠남

■ 후발대(後發 隊무리 대)
나중에 출발한 무리

■ 후발 업체(後發業體)
나중에 시작한 업체

■ 후불(後 拂돈줄 불)
물건을 먼저 받고 돈을 나중에
줌

물건을 살 때, 물건을 받기 전에 돈을 미리 내는 것은 선불, 또는 선지급이라고 해요. 물건을 받고 돈을 나중에 주는 것은 후불이라고 하지요.

어떤 것에 대해 미리 갖고 있는 생각은 무엇일까요? (   )

① 의견   ② 편견   ③ 선입견   ④ 선견지명

정답은 ③번, 선입견이에요.

선입견과 선입관은 같은 말이니까 기억해 두세요.

그런데 선입견이 심하면 편견이 되지요.

편견은 한쪽으로 치우친 생각을 뜻해요.

先 미리 선

■ 선불(先 拂)
물건을 받기 전에 돈을 미리 줌

■ 선지급
(先 支값을 치를 지 給줄급)
미리 줌

■ 선입견(先 入들입 見볼견)
= 선입관(先入 觀볼관)
미리 가지고 있는 생각

先	앞설 선

- **선배**(先 輩무리 배)
  앞선 사람
- **선인**(先 人사람 인)
  앞세대의 사람
- **선대**(先 代시대 대)
  선인들의 세대
- **선왕**(先 王임금 왕)
  선대의 왕
- **선조**(先 朝조상 조)
  선대의 조상
- **선영**(先 塋무덤 영)
  선조의 무덤
- **선산**(先 山뫼 산)
  조상의 무덤이 있는 산
- **순국선열**
  (殉목숨바칠 순 國나라 국 先
  烈의롭게죽을 열)
  나라를 위해 목숨을 바친 선대
  의 사람
- **선친**(先 親어버이 친)
- **= 선부**(先 父아비 부)
  돌아가신 아버지
- **선비**(先 妣죽은어미 비)
  돌아가신 어머니

4학년에게는 5, 6학년들이 선배(先輩)겠지요?

꼭 학교에서뿐 아니라, 어떤 분야에서 나보다 앞선 사람을 선배라고 해요.

분야에 상관없이 앞 세대의 사람은 선인이라고 불러요.

선인들의 세대는 선대라고 하지요.

빈칸을 채워 가며 앞선 것을 뜻하는 낱말을 완성해 보세요.

선대의 왕은 □왕, 선대의 조상은 □조,

선조의 무덤은 □영, 조상의 무덤이 있는 산은 □산!

선조들 중에는 나라를 위해 목숨을 바친 분들이 많아요. 그분들을 순국선열이라고 해요. 들어 봤지요? 순국선열에 대해 묵념해 본 적이 있을 거예요.

돌아가신 아버지를 가리켜 선친 또는 선부라고 하고, 돌아가신 어머니는 선비라고 해요.

🔔 이런 말도 있어요

미래가 어떻게 될지 알 수 없지만 예상할 수는 있어요. 지혜로운 사람일수록 미래를 정확하게 예상할 수 있죠. 그래서 앞을 바라보는 밝은 지혜를 선견지명이라고 해요.

- **선견지명**(先앞설 신 見볼 견 之~의 지 明밝을 명) 앞을 바라보는 밝은 지혜

낱말 공부를 미리하는 것이 **선견지명**!

각 나라들 아주 열심히 달리고 있습니다만, 한국은 아직 **선두**로 나서지 못하고 있군요!

先 앞설 선

■ **선진국**
(先 進나아갈진 國나라국)
앞서 나아가는 나라

■ **선두**(先 頭머리 두)
맨 앞

■ **선두 주자**
(先頭 走달릴주 者사람 자)
선두로 달리는 사람

■ **선봉**(先 鋒앞장봉)
앞에 나섬

■ **선봉 부대**
(先鋒 部나눌부 隊무리 대)
앞에 나선 부대

■ **선각자**(先 覺깨달을각 者)
앞서 깨달은 사람

■ **선구자**(先 驅몰을 몰구 者)
한 분야에서 가장 앞선 사람

■ **선생**(先 生사람 생)
경험과 아는 것이 많아 앞서서 학생을 가르치는 사람

안타깝게도 한국은 아직 선두가 아니네요. 선진국은 많은 것에서 앞서 나아가는 나라를 뜻해요. 활동이나 대열에서 맨 앞을 선두, 맨 앞에서 달리는 사람은 선두 주자라고 하잖아요.

무리의 앞에 나서는 것은 선봉(先鋒)이라고도 해요. 특히 부대의 맨 앞에 나서서 작전을 수행하는 부대를 선봉 부대라고 하지요.

앞서 있으니 실력이 뛰어나겠죠?

선(先)은 앞서다, 실력이 뛰어나다는 의미를 함께 가지고 있어요.

남보니 앞서 깨달은 사람은 ☐가자,

한 분야에서 가장 앞선 사람은 ☐구자,

경험과 지식이 풍부해 앞서서 학생을 가르치는 사람은 ☐생이지요.

🔔 **이런 말도 있어요**

선진국의 반대말은 '뒤에서 가고 있는 나라'라는 뜻의 '후진국'이에요. 하지만 '개발하는 길 위에 있는 나라'라고 해서 개발 도상국이라는 표현을 더 많이 쓴답니다.

■ **개발 도상국**(開개척할개 發일어날발 途길도 上위상 國나라국)
개발하는 길 위에 있는 나라

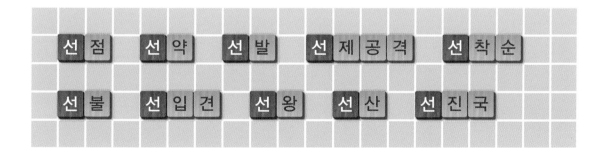

先
먼저 선

선점

선약

선발

선발대

선발 주자

선공

선제공격

선착

선착순

선발 업체

후발

후발대

후발 업체

후불

선불

선지급

선입견

선입관

선배

선인

❶ 공통으로 들어갈 한자를 따라 쓰세요.

배
조	착 순	先	발 주 자		점
비

먼저 선

| | | | | 점 |
| 약 |
| 불 |

❷ 어떤 낱말에 대한 설명인지 쓰세요.

1) 다른 약속보다 먼저 한 약속 ➡ ☐☐

2) 먼저 길을 떠난 무리 ➡ ☐☐☐

3) 먼저 도착함 ➡ ☐☐

4) 활동이나 대열에서 맨 앞 ➡ ☐☐

5) 한 분야에서 가장 앞선 사람 ➡ ☐☐☐

❸ 알맞은 낱말을 찾아 문장을 완성하세요.

1) 명절이면 할아버지, 할머니의 무덤이 있는 ☐☐ (으)로 성묘를 가.

2) ☐☐ 이(가) 되면 후배들을 잘 챙겨줄 거야.

3) 먼저 온 사람 10명에게 ☐☐☐ (으)로 선물을 준대.

4) 야구에서 1회부터 던지는 투수는 ☐☐ 투수야.

5) 세종 대왕은 ☐☐ 의 업적을 이어받아 나라를 발전시켰어.

4 문장에 어울리는 낱말을 골라 ○표 하세요.

1) 상대를 억누르기 위해 먼저 공격하는 것은 (선제공격 / 선발 주자)(이)야.

2) 유관순 열사는 나라를 위해 목숨을 바친 (순국선열 / 선비)(이)야.

3) 내가 먼저 공연장으로 출발해서 자리를 (선점 / 선별)해 둘게.

4) 어떤 일이 일어나기 전에 미리 앞을 내다보는 지혜를
   (선두 주자 / 선견지명)(이)라고 해.

5) 종석이는 지각하는 바람에 이번 소풍에 (선발대 / 후발대)로 출발했어.

5 그림을 보고, 빈칸에 들어갈 알맞은 낱말을 쓰세요.

| 선대 |
| 선왕 |
| 선조 |
| 선영 |
| 선산 |
| 순국선열 |
| 선친 |
| 선부 |
| 선비 |
| 선견지명 |
| 선진국 |
| 선두 |
| 선두 주자 |
| 선봉 |
| 선봉 부대 |
| 선각자 |
| 선구자 |
| 선생 |
| 개발도상국 |

슬슬 세상에 내려가 볼까

世 세상 세

손오공이 사람들이 있는 곳으로 내려가려 하네요. 사람이 살고 있는 곳을 세상(世上)이라고 해요. '세상 세(世)'만으로 세상이라는 뜻이 되지만, 사람들은 땅 위에 있으니까 '위 상(上)'을 붙여서 세상이라고 말하지요.

다음 중 '세상'과 같은 뜻의 낱말은 무엇일까요? (   )

① 세상만사   ② 세상천지   ③ 세상살이

정답은 ②번, 세상천지죠. 세상천지(世上天地)에서 '천지'는 하늘과 땅이라는 뜻이에요.
하늘과 땅도 세상에 있는 것이니 세상천지나
세상은 같은 말이지요.
세상만사는 세상에서 일어나는 모든 일을
말하고, 세상살이는 세상을 살아가는
것이에요. 세상만사나 세상살이에 대해
잘 몰라서 자기 주변도 살피지 못할 때는
'세상모르다'라는 말을 써요.

世 **세상 세**

■ **세상**(世 上위 상)
사람들이 살고 있는 곳
■ **세상천지**
(世 上 天하늘 천 地땅 지)
세상
■ **세상만사**
(世 上 萬일만 만 事일 사)
세상에 일어나는 모든 일
■ **세상**(世 上)**살이**
세상을 살아가는 것

- **출세**(出날출 世)
  세상에 나옴, 또는 눈에 띄어
  유명해짐
- **신세**(身몸신 世)
  세상에 있는 내 처지
- **세태**(世 態모양 태)
  세상 사는 모양
- **세속**(世 俗풍속 속)
  세상의 일반적인 풍속
- **세습**(世 習풍습 습)
  세상에서 되풀이되는 풍습
- **속세**(俗속될 속 世)
  속된 세상

아기가 세상에 나와 출세(出世)했다고 말하네요.

출세는 '날 출(出)', '세상 세(世)'를 쓰니 뜻이 틀리진 않아요.

하지만 출세는 세상 사람들의 눈에 띄어 유명해진다는 뜻으로 더 많이 쓰이지요.

신세는 이 세상에 있는 내 처지라는 뜻이에요. 주로 "아이고, 내 신세야!" 한 때처럼 자신의 처지를 한탄하거나 별로 좋지 않은 상황에서 쓰는 말이지요.

그럼 '세' 뒤에 다른 한자를 붙여 볼까요?

'세상의 여러 가지 모습'은 무엇이라고 할까요? (   )

① 세태   ② 세속   ③ 세습

조금 어렵지요? 정답은 ①번, 세태예요. '모양 태(態)'는 모습을 뜻하는 글자거든요. 세에 풍속을 뜻하는 속(俗)을 붙인 세속은 세상의 일반적인 풍속이라는 뜻이에요. 세습도 이와 비슷한 뜻으로, 세상에서 되풀이되는 풍습을 말하죠.

속세는 속된 세상이란 뜻이에요. 불교에서는 일반 사회를 속세라고 부르지요? 속되다는 말은 고상하지 못하고 천하다는 말이에요. 그러니까 속세는 고상하지 못한 일도 벌어지는 세상을 가리킬 때 쓰는 말이군요.

100년 전

현재

그림에서처럼 이 세상은 시간에 따라 변해요. 그래서 세(世)는 시간을 나눈 단위인 '시대'라는 뜻도 가지고 있어요.
시대를 30년으로 묶은 것을 한 세대(世代)라고 해요.
어린아이가 성장해서 부모님처럼 일을 하게 될 때까지의 시간이 30년 정도 걸리기 때문이죠. 세대는 같은 시대에 사는 비슷한 나이의 사람들을 뜻하기도 해요.

어떤 세대보다 이전의 세대는 무엇이라고 할까요? (　　　)

① 구세대　　　　② 신세대　　　　③ 차세대

정답은 ①번, 구세대예요. '옛 구(舊)' 자가 붙어 구세대지요.
요즘 세대는 '새 신(新)' 자를 붙여서 신세대라고 하고요.
빈칸을 채우며 세대에 대한 말을 더 알아볼까요?
다음에 이 사회를 담당할 세대는 차◯◯,
성장이 완성되어 사회를 이끄는 세대는 기성◯◯.
기성세대가 물러나고 차세대가 성장해 그 자리를
차지하는 것은 세대교체라고 해요.
시간이 흐르면 자연스럽게 일어나는 일이죠.
할아버지께서는 휴대 전화 사용이 낯설지만 손자는
능숙하게 다룰 때 세대 차이가 난다고 하죠.
이런 세대 차이는 자연스런 일이니까,
서로의 장점은 배우고 도와야겠지요?

■ **세대**(世 代시대 대)
어린아이가 성장하여 부모처럼 일을 할 때까지의 30년 정도 되는 기간
■ **구세대**(舊옛 구 世代)
이전 세대, 나이 든 세대
■ **신세대**(新새 신 世代)
새 세대, 젊은 세대
■ **차세대**(次다음 차 世代)
다음 세대
■ **기성세대**
(旣이미 기 成완성할 성 世代)
이미 성장이 완성된 세대, 현재 사회를 이끌어 가는 나이가 든 세대
■ **세대교체**
(世代 交바꿀 교 替바꿀 체)
어떤 일의 주역이 되는 세대가 바뀜
■ **세대 차이**
(世代 差차이 차 異다를 이)
세대가 달라 생기는 생각이나 습관 등의 차이

뭐, 뭐가 온 겨?

짠

난 1분에 200타! ㅋㅋ

틱 틱 틱 틱

世 세상 세

■ 세계(世 界지경 계)
지구 상의 모든 나라, 또는 집
단적 범위를 지닌 특정 사회나
영역
■ 세계 대전
(世界 大큰대 戰싸움 전)
세계 여러 나라가 관여한 대규
모의 전쟁
■ 세계 유산
(世界 遺남길유 産재산 산)
세계적으로 보호해야 할 뛰어
난 유산을 선정한 것
■ 미지(未아닐 미 知알 지)의
세계
알지 못하는 세계
■ 암흑 세계
(暗어두울암 黑검을흑 世界)
검고 어두운 세계, 범죄와 폭력
이 가득한 곳

세계 대전은 세계 여러 나라가 관여하는 큰 규모의 전쟁을 뜻해요. 보통 제1차 세계 대전(1914~1918년), 제2차 세계 대전(1939~1945년)을 말하지요.

세계 유산은 세계적으로 보호해야 할 뛰어난 유산이에요. 국제 연합(UN)의 교육 과학 문화 기구인 유네스코(UNESCO)에서 그 가치를 평가해 선정하지요. 우리나라의 문화유산과 자연유산 가운데 창덕궁, 화성, 아리랑, 조선왕조실록 등이 세계 유산으로 선정되어 있어요.

나라가 아니라 특정한 범위의 집단도 세계라고 해요.

어린이들에게는 어른들이 알지 못하는 어린이들만이 세계가 있지요? 동물들에게는 동물의 '세계'가 있고요.

아직 알지 못하는 세계는 미지의 세계,

검고 어두운 세계는 암흑세계라고 하지요.

미지는 알지 못하다는 뜻이에요. 자연에도, 우주에도 미지의 세계가 많이 있어요. 암흑세계는 범죄와 폭력이 가득한 곳의 어두운 인상을 비유적으로 나타낸 말이고요. 위험한 곳이니 절대로 발을 들여놓아서는 안 돼요.

씨글자
블록 맞추기

세상

세상천지

세상만사

세상살이

출세

신세

세태

세속

세습

속세

1 공통으로 들어갈 한자를 따라 쓰세요.

출
신 — 계 유 산 — 世 — 상 만 사 — 상
속   세상 세   속
                                      대

2 어떤 낱말에 대한 설명인지 쓰세요.

1) 세상에 일어나는 모든 일 ➡ ☐☐☐☐

2) 나이 든 세대 ➡ ☐☐☐

3) 어떤 일의 주역이 되는 세대가 바뀜 ➡ ☐☐☐☐

4) 속된 세상 ➡ ☐☐

5) 세상에서 되풀이되는 풍습 ➡ ☐☐

3 알맞은 낱말을 찾아 문장을 완성하세요.

1) 건너 건너면 다 알게 된다니까. ☐☐ 참 좁기도 하지.

2) 밥도 잘 못 먹는 난민들 ☐☐ 이(가) 너무 불쌍해서 눈물 나.

3) ☐☐ ☐☐ 은(는) 세계 여러 나라가 관여하는 큰 규모의
전쟁이야.

4) 유네스코는 세계적으로 보호해야 할 뛰어난 ☐☐ ☐☐ 을(를)
지정하고 보호하는 일을 해.

5) 유민이와 할아버지가 ☐☐ 차이가 나는 것은 당연한 거야.

102

4 문장에 어울리는 낱말을 골라 ○표 하세요.

1) 우리는 다음에 이 사회를 담당할 (신세대 / 차세대)야.

2) 아이고, 내 (신세 / 출세)야.

3) 세상의 여러 가지 모습을 (세태 / 세속)(이)라고 해.

4) 세상을 살아가는 것을 (세상천지 / 세상살이)(이)라고 해.

5) 고상하지 못한 일도 벌어지는 세상을 가리켜 (세습 / 속세)(이)라고 해.

5 그림을 보고, 빈칸에 들어갈 알맞은 낱말을 [보기]에서 찾아 쓰세요.

| 보기 | 출세 | 세계적 | 세상모르고 | 세대 차이 |

1)

뭉치 : 엄마, 나 복싱 대회에서 1등 했어요!
엄마 : 장하다! 엄마는 네가 (   )
싸움질하고 다니는 줄로만 알았는데….
우리 아들 (   )했네!

2)

할머니 : 바지는 이렇게 배까지 올려 입어야 예쁘지!
현민 : 할머니, 요즘엔 내려 입는 게 유행이라고요.
흑, 이런 게 바로 (   )인가 봐.

6 그림을 보고, 공통적으로 나타내는 말을 고르세요. (   )

① 암흑세계
② 세계 대전
③ 한국의 세계화
④ 나이에 따른 세대 차이

세대

구세대

신세대

차세대

기성세대

세내교체

세대 차이

세계

세계 대전

세계 유산

미지의 세계

암흑세계

무엇이든 대신하는 대신맨

代 대신할 대

난 대신맨! 청소도 **대신**, 무거운 짐도 **대신**!

스톱! 내가 **대신** 먹어 주마. 으헤헤.

헉!

친구 대신, 할머니 대신, 엄마 대신. 뭐든지 대신해 주는 대신맨이 래요. 대신(代身)은 다른 사람이 할 일을 바꿔 맡아 하는 것을 뜻해 요. 우리의 대신맨 또한 엄마의 청소, 할머니의 짐 옮기기, 친구의 빵 먹기를 자기가 맡아서 하잖아요. 이렇게 대(代)는 '바꿔서 맡다' 혹은 '바꿔서 채우다'라는 뜻으로 쓰여요.

이번 여행 때 기차 안 타.

버스 멀미 나서 싫어. 비행기 싫어, 배 싫어.

그럼 어쩌자고. **대안**을 내 봐!

대안 없이 무조건 싫다고 불평
만 하는 친구들은 싫어요!
대안은 어떤 의견을 대신하는
의견을 말하죠.

대(代)의 뜻을 생각하면서 다음 빈칸을 채워 보세요.
대신하여 치르는 값은 ☐가,
대신 하는 것은 ☐행,
일을 대신하는 업종은 ☐행업,
어떤 사람의 역할을 대신 맡아 하는 사람은 ☐역!

代 대신할 대

- **대신(代** 身몸신**)**
어떤 대상과 역할이나 일을 바꿈
- **대안(代** 案계획안**)**
어떤 의견을 대신하는 의견
- **대가(代** 價값가**)**
물건을 대신하여 치르는 값
- **대행(代** 行행할행**)**
대신 행함
- **대행업(代** 行 業일업**)**
일을 대신하는 업종
- **대역(代** 役부릴역**)**
역할을 대신 맡아 하는 사람

代 **대신할 대**

- **대리**(代 理 처리할 리)
  대신 일을 처리함
- **대리인**(代 理 人 사람 인)
  대신 처리하는 사람
- **대리점**(代 理 店 가게 점)
  대신 팔아 주는 가게
- **대리운전**
  (代 理 運 옮길 운 轉 구를 전)
  차 주인 대신 운전함
- **대표**(代 表 나타낼 표)
  전체 상태나 성질을 잘 나타낼
  수 있는 사람이나 물건
- **대표자**(代 表 者 사람 자)
  다른 여러 사람들을 대신해서
  잘 나타낼 수 있는 사람
- **대표단**(代 表 團 모일 단)
  대표들의 모임
- **대표작**(代 表 作 작품 작)
  한 작가의 여러 작품 중 그 작가
  를 잘 나타낼 수 있는 작품

술을 마신 아빠가 대리운전을 하고 오셨대요.
여기서 대리운전은 다른 사람이 대신 운전하는 것을 말해요.
대리는 다른 사람 대신 일을 처리한다는 뜻이거든요.
다음 빈칸을 채워 대리가 들어간 낱말을 완성해 보세요.
다른 사람 일을 대신 처리하는 사람은 ☐☐인,
물건을 맡아 대신 팔아 주는 가게는 ☐☐점.

다들 축구 감독 홍명보 알죠?
2002년 월드컵 당시 유명한 국가대표 선수였지요.
그럼 여기에서 대표는 무슨 뜻일까요?
대표는 '전체 상태나 성질을 대신하여 잘
나타낼 수 있는 사람이나 물건'을 의미해요.
우리 국민들의 축구 실력을 잘 보여 주기 위해 가장
잘하는 사람들을 뽑아 국가대표 자리를 맡겨요.
우리나라를 대표하는 선수들이지요.

다음 빈칸을 채워 낱말을 완성해 보세요.
여러 사람을 대표하는 사람은 ☐☐자,
여러 사람을 대표하는 사람들의 모임은 ☐☐단,
여러 작품 중 그 작가를 가장 잘 나타낼 수 있는 작품은
☐☐작이에요.

- **시대**(時시간 시 代)
  어떤 기준에 의해 나눠진 일정한 기간
- **현대**(現지금 현 代)
  지금 시대
- **전대**(前앞 전 代)
  앞서 있었던 시대
- **후대**(後뒤 후 代)
  뒤에 올 시대
- **태평성대**(太클 태 平평화로울 평 聖성스러울 성 代)
  어진 임금이 잘 다스려 태평한 세상이나 시대
- **연대**(年해 연 代)
  지나간 시간을 나눈 묶음

빈칸에 공통으로 들어갈 알맞은 말은 무엇일까요? (   )

① 지역   ② 어장   ③ 시대   ④ 날씨

맞아요. ③번, 시대가 정답이에요. 시대(時代)란 어떤 기준에 의해 나눠진 일정 기간을 말해요. 전성은 한창 활발한 것을 뜻하니, 전성 시대는 활발하게 활동하는 기간을 말하는 것이지요.

다음 빈칸을 채워 볼까요?

한반도에 세 나라가 나누어 살던 기간은 삼국 ☐☐,

한반도에 조선이라는 나라가 있던 기간은 조선 ☐☐.

시대는 '대' 한 글자만으로 나타내기도 해요.

우리가 살고 있는 시대는 현대, 현재 이전에 있었던 시대는 전대, 앞으로 다가올 시대는 후대라고 하지요.

'어진 임금이 잘 다스리어 태평한 시대'를 뜻하는 말은? (   )

① 대대손손   ② 일생일대   ③ 세대교체   ④ 태평성대

정답은 ④번, 태평성대(太平聖代)예요.

지나간 시간을 일정한 햇수로 나눈 것은 연대라고 해요.

연대는 시대와 달리 과거에만 쓸 수 있어요.

누군가가 살았던 시간은 생존 연대, 언제 지어졌는지 알려지지 않은 작품은 연대 미상 작품이라고 하지요.

<table>
</table>

代　나이 대

- 십 대(十열십 代)
  10~19세 사이
- 이십 대(二두이 十代)
  20~29세 사이
- 삼십 대(三석삼 十代)
  30~39세 사이

위 그림의 빈칸에 공통으로 들어갈 말은 무엇일까요?

바로 대(代)예요. 대는 사람의 나이를 나눈 묶음을 뜻해요.

십 대(十代)는 10세부터 19세까지를 가리켜요.

20세부터 29세까지는 이십 ☐ ,

30세부터 39세까지는 삼십 ☐ 지요.

代　순서 대

- 대대(代代)로
  여러 대를 이어서 계속하여
- 초대(初처음초 代)
  이어지는 순서 중 가장 처음
- 역대(歷지난역 代)
  이어 내려온 지난 순서

여기서 대(代)는 이어져 내려오는 순서를 뜻해요.

할아버지에서 아버지, 아버지에서 우리에게로 가족의 순서가

이어 내려오는 것을 '대대로 이어진다'라고 말하잖아요.

빈칸을 채워 낱말을 완성해 보세요.

이어지는 순서 중 가장 처음은 초☐ ,

계속해서 이어 내려온 지난 순서는 역☐ 라고 해요.

대안　대가　대행　대역　대리　대표

시대　현대　태평성대　십대　초대

代
대신할 대

대신

대안

대가

대행

대행업

대역

대리

대리인

대리점

대리운전

대표

대표자

대표단

대표작

① 공통으로 들어갈 한자를 따라 쓰세요.

시
현	행 업	代	태 평 성	신
연		대신할 대		안
				행

② 어떤 낱말에 대한 설명인지 쓰세요.

1) 물건을 대신하여 치르는 값 ➡ ☐☐

2) 어떤 사람의 역할을 대신 맡아 하는 사람 ➡ ☐☐

3) 어떤 의견을 대신하는 의견 ➡ ☐☐

4) 어떤 일을 대신하는 업종 ➡ ☐☐☐

5) 조선이라는 나라가 있던 기간 ➡ 조선 ☐☐

③ 알맞은 낱말을 찾아 문장을 완성하세요.

1) 반장은 우리 모두를 대신하는 반의 ☐☐(이)니까 잘 생각해서 뽑아야 해.

2) 아빠는 술을 드시면 항상 ☐☐운전을 이용하세요.

3) 드라마를 보면서 주몽이 어느 ☐☐ 사람인지 알게 되었어.

4) 이번 작품은 요즘 시대를 잘 반영하고 있는 ☐☐적인 작품이야.

5) 불평만 하지 말고 이 의견을 대신하는 ☐☐을(를) 내 봐!

4 문장에 어울리는 낱말을 골라 ○표 하세요.

1) 어진 임금이 잘 다스려 태평한 세상을 (일생일대 / 태평성대)라고 해.

2) 한반도에 세 나라가 나누어 살던 기간은 삼국 (시대 / 현대)야.

3) 10세부터 19세까지를 (십 대 / 이십 대)라고 해.

4) 계속해서 이어 내려온 지난 순서를 (초대 / 역대)라고 해.

5) 홍명보 선수는 유명한 국가(대리 / 대표) 선수였어.

5 빈칸에 공통으로 들어갈 알맞은 낱말을 쓰세요.

> 유민 : 큰일 났어. 내일 시합에 성재가 나올 수 없대.
>
> 종석 : 아, 이 일을 어쩌지? 꿩 ☐☐ 닭이라는데, 명수라도 시킬까?
>
> 유민 : 명수는 공을 맨날 허공에 차잖아.
>
> 종석 : 그럼, 명수 ☐☐ 내가 나갈까?

6 그림을 보고, 빈칸에 들어갈 알맞은 낱말을 보기에서 찾아 쓰세요.

> **보기**   삼대   십 대   역사   연표

1)

나는 ☐☐

2)

1대   2대   3대

☐☐

시대

현대

전대

후대

태평성대

연대

십 대

이십 대

삼십 대

대대로

초대

역대

씨낱말 / 교과 내용어

폭우는 무서운 비, 이슬비는 예쁜 비

폭 우

현재, 전국에 **폭우**로 호우 주의보가 내려졌습니다.

한 방울 두 방울 떨어지던 비가 어느새 갑자기 거세게 쏟아지는 폭우로 변하면 큰비를 주의하라는 호우 주의보가 내려요. 호우는 세차게 내리는 크고 많은 비를 말해요. 폭우, 호우 둘 다 비를 뜻하는 우(雨) 자가 들어갔네요. 이 비들은 양이 많고 세차게 내려서 사람에게 피해를 주는 무서운 비예요. 하지만 무서운 비 말고 예쁜 비도 많아요. 어떤 비가 있는지 알아볼까요?

비의 이름을 나타내는 순우리말

비의 이름에는 한자어보다 순수한 우리말이 많아요. 대부분 '비' 자로 끝나지요. 가는 빗방울은 가랑비예요. 가늘다고 얕잡아 보면 안 돼요. 가랑비에 옷 젖는 줄 모르고 흠딱 젖을지도 모르거든요.
아주 가늘게 내리는 비는 이슬비,
빗줄기가 아주 가늘어서 안개처럼 부옇게 보이는 비는 안개비,
안개비보다 굵고 이슬비보다 가는 비는 는개예요.
비의 굵기에 따라 순서를 정해 보면 안개비, 는개, 이슬비, 가랑비 순서로 굵답니다.
볕이 난 날 잠깐 오다가 그치는 여우비, 보슬보슬 가늘고 조용히 내

暴	雨
사나울 폭	비 우
갑자기 거세게 쏟아지는 비	

■ **호우**(豪기운셀호 雨) = **큰비**
세차게 내리는 크고 많은 비

■ **호우 주의보**(豪雨 注부을주
意뜻의 報알릴보)
호우 피해를 막기 위한 기상 특보

■ **가랑비**
빗방울이 가는 비

■ **이슬비**
빗방울이 아주 가는 비

■ **안개비**
빗줄기가 아주 가늘어서 안개
처럼 부옇게 보이는 비

■ **는개**
안개비보다 굵고 이슬비보다
가는 비

■ **어우비**
볕이 난 날 잠깐 오다가 그치는 비

리는 보슬비, 부슬부슬 조용히 내리는 부슬비도 있어요.
하늘에서 물을 퍼붓듯 세차게 내리는 비는 억수라고 해요. "비가 억
수같이 내린다."라고 말하잖아요.
장대처럼 굵게 내리는 비는 장대비, 갑작스레 세차게 쏟아지다가
곧 그치는 비는 소낙비 또는 소나기라고 해요.

비를 나타내는 우(雨)

예로부터 사람이 살아가거나 농사를 지을 때 비는 매우 중요했어요.
그래서 세종 대왕 때, 일정 기간 내린 비의 양인 강우량을 측정하는
세계 최초의 측우기를 만들었지요.
강우량과 강수량이 헷갈린다고요? 강우량의 우(雨)는 비, 강수량
의 수(水)는 물을 나타낸다는 것만 기억하세요.
강우량은 순수하게 비의 양인 반면
고, 강수량은 비나 눈, 우박, 서리,
안개 등 땅에 떨어져 내린 모든 물
의 전체 양을 말하거든요.
이렇게 중요한 비가 오랫동안 내리
지 않으면 우리 조상들은 하늘에 비

가 오게 해 달라고 드리는 제사인 기우제를 지냈어요.
비를 피하는 물건도 있어요. 비를 맞지 않기 위해 사용하는 물건을
통틀어 우비라고 해요. 비를 가리는 물건인 우산, 비에 젖지 않도록
덧입는 옷인 우의는 모두 우비에 속해요.

보슬비
보슬보슬 가늘고 조용히 내리는 비

부슬비
부슬부슬 조용히 내리는 비

억수
물을 퍼붓듯 세차게 내리는 비

장대비
장대처럼 굵게 내리는 비

소낙비 = 소나기
갑작스레 세차게 쏟아지다가 곧 그치는 비

강우량(降내릴 강 雨 量양량)
일정 기간 내린 비의 양

측우기(測잴 측 雨 器도구 기)
비가 내린 양을 측정하는 도구

강수량(降 水 + 量)
비나 눈, 우박, 서리, 안개 등 땅에 떨어져 내린 물의 전체 양

기우제(祈빌 기 雨 祭제사 제)
비가 오게 해 달라고 빌던 제사

우비(雨 備갖출 비)
비를 맞지 않기 위해 사용하는 물건을 통틀어 이르는 말

우산(雨 傘우산 산)
비올 때 펴서 비를 가리는 물건

우의(雨 衣옷 의)
비에 젖지 않도록 덧입는 옷

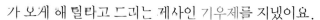

이 안 소 측 우산
슬 개 낙 강우량 의
가랑비 여우비 장대비 기

바람은 눈에 보이지는 않지만 느낄 수 있어요. 부드럽게 뺨을 스치면서 살랑살랑 느껴지는 바람도 있지만 무서운 바람도 있어요. 매우 사납게 부는 바람을 폭풍이라고 하잖아요. '사나울 폭(暴)'에 '바람 풍(風)'이 합쳐져서 사납게 불어오는 바람을 뜻하지요.

暴 사나울 폭	風 바람 풍
사납게 부는 바람	

■ **바람**
공기의 움직임

■ **계절풍**(季계절계 節절기절 風)
계절 따라 부는 바람

■ **남동풍**(南남쪽남 東동쪽동 風)
남동쪽에서 부는 바람

■ **북서풍**(北북쪽북 西서쪽서 風)
북서쪽에서 부는 바람

■ **육풍**(陸육지륙 風)
육지에서 바다로 부는 바람

■ **해풍**(海바다해 風)
바다에서 육지로 부는 바람

■ **태풍**(颱큰바람태 風)
크게 불어 닥치는 폭풍

■ **허리케인**(hurricane)
강한 열대성 저기압으로 많은 비를 동반하는 이주 센 바람

'바람'이 붙거나 '풍(風)'이 붙거나

바람을 나타내는 말에는 '바람 풍(風)' 자를 써요.
계절에 따라 부는 바람은 계절풍이에요.
바람이 처음 시작된 방향에 따라 부르는 이름이 달라요. 남동쪽에서 부는 바람은 남동풍, 북서쪽에서 부는 바람은 북서풍이지요.
그럼 육지에서 바다로 부는 바람은? '육지 육(陸)' 자를 써서 육풍, 바다에서 육지로 부는 바람은 '바다 해(海)' 자를 써서 해풍이에요.
7~9월에 북태평양에서 불어오는 비바람인 태풍은 크게 불어 닥치는 폭풍이라는 뜻이에요. 비가 쏟아지는 폭풍과 함께 몰려오지요.
태풍과 비슷한 센 바람으로 허리케인이 있어요. 허리케인은 강한 열대성 저기압으로 많은 비를 동반하는 힘이 아주 센 바람이지요.
이렇게 센 바람의 피해를 막으려면 숲을 가꾸어야 해요. 바람을 막

는 숲인 방풍림은 순우리말로 '바람막이숲'이라고도 해요.

바람도 비처럼 우리말로 된 예쁜 이름을 많이 가지고 있어요.

바람의 특징을 나타낸 말 끝에 '바람'을 붙여서 만들어졌지요.

부는 듯 마는 듯 실처럼 가늘고 약한 실□□,

초가을에 작은 나뭇가지를 흔들며 건들건들 부는 건들□□,

늦더위를 식혀 주는 산들산들 시원하고 가볍게 부는 산들□□,

좁은 틈으로 비집고 거세게 들어오는 황소□□이 있어요.

'바늘구멍으로 황소바람 들어온다'는 속담이 있을 정도이지요.

갑자기 회오리 모양으로 강력한 바람을 일으키는 회오리바람은 돌개바람, 또는 토네이도(tornado)라고도 부르지요.

바람의 빠르기를 잴 수 있다고?

바람은 손에 잡히지도 않고 눈에 보이지도 않지만, 우리는 바람이 불어오는 방향과 바람의 빠르기를 느낄 수 있어요.

바람이 불어오는 방향은 풍향,

바람의 속도는 풍속이지요.

바람의 방향을 재는 도구는 풍향계,

바람의 속도를 재는 도구는 풍속계,

이 둘이 합쳐진 것은 풍향 풍속계이지요.

오랜 세월 동안 바람을 맞으면서 바

위가 점점 부서지는 것은 풍화예요. '바람 풍(風)' 자가 쓰였지만 바람뿐 아니라 햇빛, 공기, 물, 온도 차이, 식물의 뿌리 등도 풍화에 영향을 줘요.

■ **방풍림**(防막을방 風 林수풀림)
바람을 막는 숲

■ **실**바람

■ **건들**바람

■ **산들**바람

■ **황소**바람

■ **회오리**바람
= **돌개바람** = **토네이도**
갑자기 회오리 모양으로 강력하게 일으키는 바람

■ **풍향**(風 向향할향)
바람이 불어오는 방향

■ **풍속**(風 速빠를속)
바람의 속도

■ **풍향계**(風向 計재는도구 계)
바람의 방향을 재는 도구

■ **풍속계**(風速計)
바람의 속도를 재는 도구

■ **풍향 풍속계**(風向風速計)
바람의 방향과 속도를 재는 도구

■ **풍화**(風 化될화)
암석이 햇빛, 공기, 물 등의 작용으로 점차 부서져 모습이 변함

풍향은 동향이네!

풍속이 엄청나게 빠르네.

	북		해		방	풍	향	계		건	들	바	람
		서	육	풍	태	풍	속						
	남	동	풍			림	계			산	들	바	람

1 공통으로 들어갈 낱말을 쓰세요.

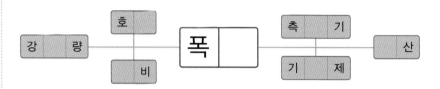

강 량　호
비　폭 [　]　측 기
기 제　산

폭우
호우
큰비
호우주의보
가랑비
이슬비
안개비
는개
여우비
보슬비
부슬비
억수
장대비
소낙비
소나기
강우량
측우기
강수량
기우제
우비
우산
우의

2 주어진 낱말을 넣어 문장을 완성하세요.

1)
안
개
여 우 비

볕이 난 날 잠깐 오다가 그치는 비는 [　][　][　],
빗줄기가 아주 가늘어서 안개처럼 부옇게 보이는 비는
[　][　][　]이다.

2)
측
강 우 량
기

비가 내린 양을 측정하는 도구는 [　][　][　],
일정 기간 내린 비의 양은 [　][　][　]이다.

3)
우 산
의

비가 올 때 펴서 비를 가리는 물건은 [　][　],
비에 젖지 않도록 덧입는 옷은 [　][　]이다.

3 문장에 어울리는 낱말을 골라 ○표 하세요.

1) 비가 많이 오네. 얼른 집에 가자! (호우 / 억수) 주의보가 내렸대!

2) (가랑비 / 여우비)에 옷 젖는 줄 모르거든.

3) 어젯밤 비가 (우레 / 억수)같이 내렸어.

4) 세종 대왕 때는 측우기로 (강우량 / 징수량)을 측정했어.

1 공통으로 들어갈 낱말을 쓰세요.

2 주어진 낱말을 넣어 문장을 완성하세요.

1) 육지에서 바다로 부는 바람은 ☐☐ ,

바다에서 육지로 부는 바람은 ☐☐ 이다.

2) 바람을 막는 숲은 ☐☐☐ ,

크게 불어 닥치는 폭풍은 ☐☐ 이다.

3 문장에 어울리는 낱말을 골라 ○표 하세요.

1) 계절에 따라 일정한 방향으로 부는 바람은 (계절풍 / 허리케인)이야.
2) 골짜기의 (산들바람 / 황소바람)이 분틈으로 술술 들어오면 정말 추워.
3) (풍향계 / 풍속계)로 바람이 부는 방향을 측정해 봐.

4 예문에 알맞은 낱말을 빈칸에 쓰세요. [과학]

☐☐ 은 바람이 불어오는 방향이다. 바람의 속도는 ☐☐ 이
라고 한다. 바람의 방향과 속도는 ☐☐ ☐☐☐ 로 측정
한다.

폭풍
바람
계절풍
남동풍
북서풍
육풍
해풍
태풍
허리케인
방풍림
실바람
건들바람
산들바람
황소바람
회오리바람
돌개바람
토네이도
풍향
풍속
풍향계
풍속계
풍향 풍속계
풍화

이것도 만들고 저것도 만드는 산업

농업도 산업이야.

잘 커워 주세요.

아주 먼 옛날부터 사람들은 자연에서 먹을 것, 입을 것, 잘 곳을 얻으며 살아왔어요. 그러다가 한곳에 머물러 살게 되면서 농사를 짓게 되었고, 바다에서 물고기도 잡았어요. 산에서는 나무를 베거나 열매를 따 먹었죠. 이렇게 살아가는 데 필요한 것들을 만들어 내는 모든 활동을 산업이라고 해요. 산(産)은 '생산하다', 업(業)은 '사업', '산업'이라는 뜻으로 쓰여요.

업(業)으로 말하는 기본적인 산업

'일 업(業)' 자를 붙이면 다양한 산업의 이름이 만들어져요.
논밭이 많은 농촌에서는 농작물을 생산하는 농업,
풀이 많아 목장이 발달한 곳에서는 소나 말, 돼지 등 가축을 기르는
목축업과 젖소나 염소의 젖을 이용하는 낙농업이 발달하지요.
산림이 울창한 산촌에서는 삼림을 이용하고 가꾸는 임업,
바다가 가까운 어촌에서는 물고기를 잡는 등 바다와 강과 관련된
어업과 수산업이 발달했어요.
사람이 직접 물고기나 김, 굴, 버섯 등을 기르는 양식업도 있어요.
양식을 하는 곳은 양식장이라고 해요.

産 낳을 산	業 일 업

사람이 살아가는 데 필요한 것들을
만들어 내는 모든 활동

■ **농업**(農 농사 농 業)
농작물을 생산하는 일

■ **목축업**
(牧 기를 목 畜 짐승 축 業)
가축을 기르는 산업

■ **낙농업**(酪 쇠젖 낙 農業)
젖소, 염소 젖을 이용하는 산업

■ **임업**(林 수풀 임 業)
삼림을 이용하고 가꾸는 산업

■ **어업**(漁 고기 잡을 어 業)
물고기나 해산물을 잡거나 기르는 산업

■ **수산업**(水 물 수 産業)
바다나 강에서 나는 생물에 관련된 산업

특별한 종류의 농업도 있어요. 최근에는 건강한 삶을 위하여 농약을 쓰지 않고 자연적인 방법으로 농사를 짓는 유기 농업이 인기예요.

강원도의 높은 산지에 있는 평탄한 고원에서는 고랭지 농업을 해요. 고랭지 농업은 여름철에 고원이나 산지 등의 서늘한 땅에서 농사를 짓는 것이에요. 주로 감자, 메밀, 배추 등을 기르지요.

여러분은 꽃이나 과일, 채소를 좋아하나요? 원예 농업이 없다면 우리는 예쁜 꽃다발도 못 받고, 신선한 과일과 채소도 못 먹을 거예요. 이렇게 땅과 바다 등의 자연환경을 이용한 농업, 임업, 수산업 등 모든 산업의 기본이 되는 가장 기초적인 산업을 1차 산업이라 분류해요. 이와 관련된 일을 하는 나라 기관은 농림 수산 식품부이지요.

업(業)으로 말하는 다양한 산업의 종류

1차 산업이 있으면 2차 산업도 있겠지요?

2차 산업은 1차 산업에서 얻은 것으로 생활에 필요한 물건이나 에너지 등을 만드는 산업을 말해요.

깊은 땅속에 묻혀 있는 석탄, 철, 금 등의 광물을 캐내고 가공하는 광□,

원료를 가공하여 필요한 물건을 만드는 공□,

건물, 시설 등을 새로 만드는 건설□ 등은 모두 2차 산업이에요.

양식업(養기를양 殖불릴식 業)
물고기나 김, 굴, 해조류, 버섯 등을 기르는 산업

양식장(養殖 場장소 장)
양식을 하는 곳

유기(有있을유 機기구 기) **농업**
농약을 쓰지 않고 자연적인 방법으로 짓는 농업

고랭지(高높을 고 冷시원할 랭 地땅지) **농업**
여름철에도 고원, 산지 등 서늘한 땅에서 이루어지는 농업

원예(園동산원 藝심을예) **농업**
채소, 과일, 꽃을 기르는 농업

1차 산업(産業)
자연환경을 이용한 농업, 임업, 수산업 등의 모든 산업

농림 수산 식품부(農林水産 食먹을식 品물건품 部관청부)
농업, 임업, 수산업 등 식품과 관련된 일을 하는 나라 기관

2차 산업(産業)
1차 산업에서 얻은 재료로 생활에 필요한 것을 만드는 산업

광업(鑛쇳돌광 業)

공업(工만들공 業)

건설업(建세울건 設세울 설 業)

농		임		어		공			건
목	축	**업**	낙	농	**업**	수	산	**업**	광	**업**		설
											1	차	산	**업**

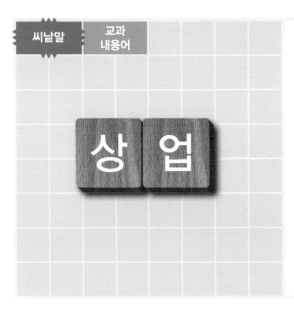

물건을 옮기고 사고파는 상업

우린 **상업** 활동을 하고 있지.

과일 슈퍼

농사를 지어 얻은 농산물이나 공장에서 만든 물건은 농산물이나 물건이 필요한 사람에게 팔아야 해요. 이렇게 상품을 사고팔아 이익을 얻는 일을 상업이라고 해요. 그런데 물건이 만들어진 곳에 직접 가서 사기가 쉽지 않지요? 그럼 어떻게 해야 할까요? 끝에 '일 업(業)' 자를 붙여 산업의 종류를 알아보면 그 답을 찾을 수 있어요.

시대에 따라 변화하는 산업

시대에 따라 산업이 변화하고, 산업의 변화에 따라 직업도 변해요. 과거에는 자연에서 직접 자원을 얻는 1차 산업이 발전했다면, 현대에는 생산된 물건을 운반하거나 사고파는 것에 관련된 산업이 발전했어요.

물건을 사는 사람이 있는 곳까지 물건을 옮기는 유통업,

물건을 실어 나르는 운송업,

사람이나 물건을 실어 나르는 운수업,

창고에 물건을 보관하거나 창고를 빌려주는 창고업,

물건을 사고팔기 위해 필요한 돈을 공급하거나 융통하는 금융업도 등장했지요.

商	業
장사 상	일 업

상품을 사고팔아 이익을 얻는 일

▪ **유통업**

(流흐를 유 通통할 통 業)
물건을 사는 사람이 있는 곳까지 물건을 옮기는 산업

▪ **운송업**

(運움직일 운 送보낼 송 業)
물건을 실어 나르는 산업

▪ **운수업**(運 輸나를 수 業)
사람이나 물건을 실어 나르는 산업

▪ **창고업**

(倉창고 창 庫창고 고 業)
창고에 물건을 보관하거나 창고를 빌려주는 산업

▪ **금융업**(金돈 금 融통할 융 業)
돈을 공급하거나 융통하는 산업으로 은행업, 보험업 등

서비스업은 물건을 만들고 유통하는 일 대신에 서비스를 제공하는 산업이에요. 서비스(service)는 영어로 돕거나 시중을 든다는 말이거든요.

놀거리, 먹을거리, 숙박 등 관광 서비스를 제공하는 관광업,

물건을 많이 팔기 위해 광고 서비스를 제공하는 광고업,

전화, 편지 등 통신과 관련된 서비스를 제공하는 통신업도 있지요.

업(業) 자를 붙여 만드는 산업의 종류는 끝이 없네요.

새롭게 등장한 산업

과학이 발달하고, 사회가 변화함에 따라 다양한 산업이 등장하고 있어요. 한번 알아볼까요?

애니메이션에 나오는 인물이나 동물의 모습을 디자인으로 그린 캐릭터로 물선이나 콘텐츠를 파는 캐릭터 산업, 인간 생활의 다양한 문화와 관련된 문화 산업,

교육, 출판, 언론, 방송 등 지식을 생산하고 유통하는 지식 산업,

항공기, 우주 개발, 원자력 등 첨단 기술을 이용한 첨단 산업.

이렇게 1차, 2차 산업을 바탕으로 서비스를 생산하는 산업을 3차 산업이라고 해요.

서비스업(service 業)
서비스를 제공하는 산업

관광업(觀볼 관 光빛 광 業)
관광 서비스를 제공하는 산업

광고업(廣넓을 광 告고할 고 業)
광고 서비스를 제공하는 산업

통신업(通통할 통 信믿을 신 業)
통신과 관련된 산업

캐릭터(character) **산업**
캐릭터를 이용하여 다양한 콘텐츠로 활용하는 산업

문화 산업
(文글 문 化될 화 産낳을 산 業)
인간 생활의 다양한 문화와 관련된 산업

지식 산업
(知알 지 識알 식 産業)
지식을 생산하고 유통하는 사업

첨단 산업
(尖뾰족할 첨 端끝 단 産業)
첨단 기술을 이용한 산업

3차 산업(産業)
1차, 2차 산업을 바탕으로 서비스를 생산하는 사업

씨낱말
블록 맞추기

산 업

1 공통으로 들어갈 낱말을 쓰세요.

낙 농 | 농 · 공 | 산 [ ] | 어 · 임 | 수 산

2 주어진 낱말을 넣어 문장을 완성하세요.

1)
농 / 목 축 업

농작물을 생산하는 일은 [ ][ ],
가축을 기르는 산업은 [ ][ ][ ]이다.

2)
임 / 낙 농 업

젖소나 염소의 젖을 이용하는 산업은 [ ][ ][ ],
삼림을 이용하고 가꾸는 산업은 [ ][ ]이다.

3)
광 / 공 업

원료를 가공하여 필요한 물건을 만드는 산업은 [ ][ ],
땅속에 묻혀 있는 석탄, 철 등 광물을 캐내고 가공하는
산업은 [ ][ ]이다.

3 문장에 어울리는 낱말을 골라 ○표 하세요.

1) 이 마을은 풀밭이 많아서 (낙농업 / 양식업)이 발달했어요.

2) 이 채소는 (유기 농업 / 원예 농업)으로 기른 것이라 몸에 좋아요.

3) 여름철에 서늘한 고원에서는 (수산업 / 고랭지 농업)을 해요.

4) 모든 산업의 기본이 되는 가장 기초적인 산업을 (1차 산업 / 2차 산업)이
라고 해요.

5) 나라에서는 전쟁으로 무너진 시설을 다시 세우기 위해 (광업 / 건설업)
을 집중적으로 장려하였다.

산업
농업
목축업
낙농업
임업
어업
수산업
양식업
양식장
유기 농업
고랭지 농업
원예 농업
1차 산업
농림 수산
식품부
2차 산업
광업
공업
건설업

씨낱말
블록 맞추기

상 업

1 공통으로 들어갈 낱말을 쓰세요.

관광 — 유 통 / 금 융 — 상 [ ] — 운 송 / 통 신 — 창 고

| 상업 |
| 유통업 |
| 운송업 |
| 운수업 |
| 창고업 |
| 금융업 |
| 서비스업 |
| 관광업 |
| 광고업 |
| 통신업 |
| 캐릭터 산업 |
| 문화 산업 |
| 지식 산업 |
| 첨단 산업 |
| 3차 산업 |

2 주어진 낱말을 넣어 문장을 완성하세요.

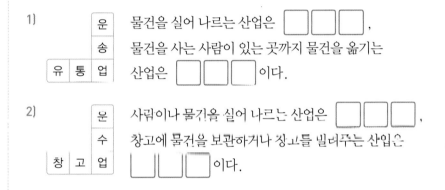

1) 운 / 송 / 유 통 업

물건을 실어 나르는 산업은 [ ][ ][ ],
물건을 사는 사람이 있는 곳까지 물건을 옮기는
산업은 [ ][ ][ ]이다.

2) 운 / 수 / 창 고 업

사람이나 물건을 실어 나르는 산업은 [ ][ ][ ],
창고에 물건을 보관하거나 창고를 빌려주는 산업은
[ ][ ][ ]이다.

3 문장에 어울리는 낱말을 골라 ○표 하세요.

1) 이 마을에는 유명한 문화재를 보러 오는 관광객이 많아서
(광고업 / 관광업)에 종사하는 사람이 많아요.

2) 우리나라는 문화와 관련된 (문화 산업 / 첨단 산업)이 발달했어요.

3) 서비스를 생산하는 산업을 (2차 산업 / 3차 산업)이라고 해요.

4 예문에 알맞은 낱말을 빈칸에 쓰세요. [사회]

[ ][ ][ ][ ]이란 항공기, 우주 개발, 컴퓨터 등 [ ][ ]
기술을 핵심으로 다루는 산업을 말한다. 이 산업은 나라에서 지원하고
육성하는 중요한 산업으로 미래에는 그 중요성이 더욱 커질 것이다.

대첩의 기쁨을 누리자!

대 첩

너희가 정녕 **대첩** 맛을 모르는구나!

명나라로 쳐들어갈 기니까 길 좀 비켜 줘.

조선   일본

1592년, 일본이 우리나라에 쳐들어왔을 때 행주산성에서 권율 장군이 일본군을 크게 물리쳤어요. 이 싸움을 지명인 '행주'를 붙여 행주 대첩이라고 해요. '큰 대(大)', '이길 첩(捷)'을 쓴 대첩은 크게 이기는 것, 큰 승리라는 뜻이에요. 대첩이 들어간 역사적 낱말들을 알아보면서 승리의 기쁨과 함께 역사적 인물들도 만나 볼까요?

외적을 물리쳐 이룬 큰 승리, 대첩(大捷)

삼국 시대, 중국의 수나라가 고구려를 손에 넣으려고 쳐들어왔어요. 을지문덕 장군은 평안북도에 있는 살수(청천강)를 건너온 수나라의 군사들을 크게 물리쳤지요. 살수에서 벌인 큰 싸움이라 하여 살수 대첩이라고 해요.

고려 시대, 호시탐탐 기회를 엿보던 거란이 쳐들어왔어요. 강감찬 장군은 귀주에서 거란의 군사들을 크게 무찔렀지요. 귀주에서 싸워 크게 이겼으니까 귀주 대첩이겠지요?

조선 시대, 행주 대첩이 일어나기 전 일본군이 진주성을 포위하자 큰 싸움이 벌어졌어요. 우리 군은 일본군보다 훨씬 적은 수의 병사들이었지만, 김시민 장군과 병사들이 힘을 모아 일본군과 싸워 이

大 큰 대	捷 이길 첩
크게 이김. 큰 승리	

■ **권율**
행주 대첩에서 승리한 장군

■ **행주**(幸다행행 州고을주) **대첩**
조선 선조 때 행주산성에서 일본군을 크게 물리친 싸움

■ **을지문덕**
살수 대첩에서 승리한 장군

■ **살수**(薩보살살 水물수) **대첩**
고구려와 중국 수나라가 살수에서 벌인 큰 싸움

■ **강감찬**
귀주 대첩에서 승리한 장군

■ **귀주**(龜거북귀 州) **대첩**
귀주에서 고려군이 거란의 군사들을 크게 무찌른 싸움

■ **김시민**
진주 대첩에서 크게 승리한 장군

겼어요. 그 이름은 바로 진주 대첩!

육지에서는 권율, 김시민 장군이 나라를 지키는 동안 바다에서는 이순신 장군이 혜성같이 나타났어요. 이순신 장군은 온 바다를 누비며 일본군을 물리쳤는데, 특히 한산도 대첩에서 통쾌한 승리를 거두었지요.

"신에게는 아직 12척의 배가 남아 있사옵니다."라는 유명한 말은 명량 대첩과 관련된 말이에요. 장군은 물살이 거센 명량의 특성을 잘 이용하여 133척의 일본 함대를 물리쳐 승리로 이끌어 냈어요.

일제 강점기에는 김좌진과 이범석 장군이 이끄는 독립군 부대가 만주의 청산리에서 일본군을 크게 이겼어요. 바로 청산리 대첩이지요.

빠름을 뜻하는 첩(捷)

우리 조상들은 수많은 싸움에서 적보다 빠르게 움직여서 이겼었나 봐요. 대첩의 첩(捷) 자는 빠르다는 뜻도 있거든요.

빠른 지름길, 쉽고 빠른 방법이라는 뜻의 첩경이라는 말이 있어요. '성공에 이르는 첩경' 같은 표현으로 쓰이지요.

"넌 정말 행동이 민첩하구나!" 이때 쓰인 민첩은 움직임이 재빠르고 날쌜 때 쓰는 말이에요. 간첩이라는 말도 있어요. 북한에서 온 간첩이 아니에요. 간첩의 '간'은 '간단할 간(簡)'이에요. 그러니 간단하고 빠를 때 간첩하다고 말해요.

민첩하게 간식 먹기 성공!

휘리릭

■ 진주(晉나아갈 진 州) 대첩
조선 시대에 진주성에서 일본군을 크게 이긴 싸움

■ 이순신
임진왜란 때 바다를 지켰던 조선 시대의 장군

■ 한산도 대첩
한산도 앞바다에서 일본군을 크게 이긴 싸움

■ 명량(鳴울 명 梁들보 량) 대첩
명량 바다의 물살을 이용해 일본군을 크게 이긴 싸움

■ 김좌진
일제 강점기에 청산리 대첩을 이끈 장군

■ 이범석
일제 강점기에 김좌진 장군과 함께 청산리 대첩을 이끈 장군

■ 청산리 대첩
일제 강점기 때 독립군 부대가 만주의 청산리에서 일본군을 크게 이긴 싸움

■ 첩경(捷빠를 첩 徑지름길 경)
지름길, 쉽고 빠른 방법

■ 민첩(敏민첩할 민 捷)
재빠르고 날쌤

■ 간첩(簡간단할 간 捷)
간단하고 빠름

| 행 | 주 | 대 | 첩 | | 살 | 수 | 대 | 첩 | | 한 | 산 | 도 | 대 | 첩 | | 이 | 순 | 신 |
| 귀 | 주 | 대 | 첩 | | 진 | 주 | 대 | 첩 | | 청 | 산 | 리 | 대 | 첩 | | 김 | 좌 | 진 |

조선 시대 과학 유물, 측우기

전~하! 세계 최초의 비를 재는 기계이옵니다.

빗물을 재는 그릇이니 측우기라 이름 붙이겠노라.

세종 대왕은 농사가 잘되기 위해서는 비의 양을 아는 것이 매우 중요하다고 생각했어요. 그래서 비가 내린 양을 측정하는 측우기가 발명되었어요. 측우기의 기(器)는 기계, 그릇이라는 뜻이에요. '빗물을 재는 그릇'이지요. 측우기를 선두로 조선 시대의 과학 유물들을 살펴볼까요?

'도(圖), 기(器), 경(鏡), 종(鐘)' 자가 붙은 조선의 유물들

맨 끝에 '그림 도(圖)' 자가 붙은 유물들은 그림이나 지도를 뜻해요. 천상열차분야지도는 하늘의 모습인 천상을 그린 천문도예요. 별자리, 해, 달 등이 그려져 있지요.

혼일강리역대국도지도는 태종 때에 그린 세계 지도예요. 역대 나라의 수도를 표기한 지도라는 뜻으로, 동양 최고(最古)의 지도예요.

지도라고 하면 조선 후기의 지리학자 김정호가 만든 대동여지도를 빼놓을 수 없겠죠? 오늘날의 지도와 비교해도 큰 차이가 없을 정도로 정확하고 자세한 지도예요.

곤여 만국 전도는 명나라에 선교사로 갔던 이탈리아의 마테오 리치가 만든 세계 지도예요. 조선 선조 때 우리나라에 들어왔어요.

測	雨	器
잴 측	비 우	도구 기
비가 내린 양을 측정하는 도구		

■ **측정**(測 定정할 정)
기계나 도구로 크기나 양을 잼

■ **천상열차분야지도**
하늘의 모습인 천상을 그린 천문도

■ **혼일강리역대국도지도**
역대 나라의 수도를 표기한 세계 지도

■ **대동여지도**(大 큰 대 東 동쪽 동 輿 땅 여 地 땅 지 圖)
김정호가 만든 우리나라 지도

■ **곤여 만국 전도**(坤 땅 곤 輿 萬 일만 만 國 全 온전할 전 圖)
선교사 마테오 리치가 만든 세계 지도

곤여 만국 전도와 함께 명나라에서 들어온 유물에는 천 리까지 떨어진 물체도 크고 정확하게 보이도록 만든 망원경인 천리경도 있어요. 자명종은 12시간마다 저절로 종이 울리는 시계예요. 여기서 '경'은 거울을, '종'은 시계를 뜻하지요.

조선 시대 실학자인 정약용은 도르래의 원리를 이용하여 무거운 물건을 번쩍 들어 올릴 수 있는 거중기를 만들었어요.

'의(儀), 루(漏)' 자가 붙은 조선의 유물들

천문과 관련된 유물의 이름은 천문 기계라는 뜻의 의(儀) 자로 끝나는 경우가 많아요.

천체의 움직임과 위치를 관측하던 혼천의, 혼천의를 간단하게 만든 간의, 큰 간의인 대간의도 있지요.

혼천의를 시계 장치와 연결해서 혼천시계를 만들기도 했어요.

오목한 솥 모양의 해시계인 앙부일구도 만들어졌어요. 그런데 해시계는 밤이나 해가 없는 날에는 볼 수 없어서 불편했어요.

그래서 만들어진 것이 자격루예요.

때가 되면 스스로 종을 쳐서 시각을 알려 주는 물시계를 뜻해요. 루(漏) 가 물시계라는 뜻이거든요. 자격루보다 더 정교하고 옥으로 꾸민 물시계인 옥루도 있답니다.

천리경(千일천천 里마을리 鏡거울경)
물체를 크고 정확하게 보이도록 만든 망원경

자명종(自스스로자 鳴울명 鐘종종)
저절로 종이 울리는 시계

거중기(擧들거 重무거울중 機기계기)
무거운 물건을 들어올리는 기계

혼천의(渾흐릴혼 天하늘천 儀천문 기계의)
천체의 움직임과 위치를 관측하던 기계

간의(簡간략할간 儀)
혼천의를 간단하게 만든 기계

대간의(大 簡儀)
큰 간의

혼천시계(渾天 時때시 計셀계)
혼천의를 시계 장치와 연결한 천문 시계

앙부일구(仰우러를앙 釜가마부 日해일 晷그림자구)
오목한 솥 모양의 해시계

자격루(自 擊칠격 漏물시계루)
스스로 종을 치는 물시계

옥루(玉구슬옥 漏)
옥으로 꾸민 정교한 물시계

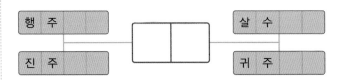

씨낱말
블록 맞추기

대 첩

1 공통으로 들어갈 낱말을 쓰세요.

행 주	대 첩				살 수	

진 주 | | | | | | 귀 주

2 주어진 낱말을 넣어 문장을 완성하세요.

1)
| 살 | 수 | 대 | 첩 |
| 행 | 주 | 대 | 첩 |

행주산성에서 일본군을 크게 물리친 싸움은
☐☐ ☐☐, 고구려와 중국 수나라가 살
수에서 벌인 큰 싸움은 ☐☐ ☐☐이다.

2)
| 진 | 주 | 대 | 첩 |
| 귀 | 주 | 대 | 첩 |

귀주에서 고려군이 거란의 군사들을 크게 무찌른
싸움은 ☐☐ ☐☐, 진주성에서 일본군
을 크게 이긴 싸움은 ☐☐ ☐☐이다.

3)
| 민 |
| 첩 | 경 |

재빠르고 날쌤은 ☐☐ ,
지름길 또는 쉽고 빠른 방법은 ☐☐이다.

3 문장에 어울리는 낱말을 골라 ○표 하세요.

1) 권율 장군이 행주산성에서 백성들과 함께 왜군을 물리친 (행주 대첩 /
살수 대첩)은 임진왜란의 3대 대첩 중 하나예요.

2) 임진왜란 때 진주성에서는 두 번의 큰 싸움이 벌어지는데, 이 싸움이 바
로 (귀주 대첩 / 진주 대첩)이에요.

3) 한산도 앞바다에서 일본군을 크게 이긴 싸움은 (한산도 대첩 / 명량 대
첩)이에요.

4) 넌 정말 행동이 (첩경 / 민첩)하구나!

| 대첩 |
| 권율 |
| 행주 대첩 |
| 을지문덕 |
| 살수 대첩 |
| 강감찬 |
| 귀주 대첩 |
| 김시민 |
| 진주 대첩 |
| 이순신 |
| 한산도 대첩 |
| 명량 대첩 |
| 김좌진 |
| 이범석 |
| 청산리 대첩 |
| 첩경 |
| 민첩 |
| 간첩 |

씨낱말
블록 맞추기

1 [보기]의 내용과 관련이 있는 알맞은 낱말을 빈칸에 쓰세요.

| 보기 | • 비가 내린 양을 측정하는 도구
• 세종 대왕 때 만들어진 유물 | → | | | |

2 무엇에 대한 설명인지 [보기]에서 찾아 쓰세요.

| 보기 | 자 격 루 | 앙 부 일 구 | 혼 천 시 계 |

1) 혼천의를 시계 장치와 연결한 천문 시계는 | | | | |이다.

2) 오목한 솥 모양의 해시계는 | | | |이다.

3) 때가 되면 스스로 종을 쳐 시각을 알려 주는 물시계는 | | | |이다.

3 문장에 어울리는 낱말을 골라 ○표 하세요.

1) (혼일강리역대국도지도 / 곤여 만국 전도)는 명나라에 선교사로 갔던
이탈리아의 마테오 리치가 만든 세계 지도다.

2) 정약용은 무게운 물지을 들어 올릴 수 있는 (천리경 / 거중기)을(를)
만들어 수원 화성을 쌓았다.

3) 천체의 움직임과 위치를 관측하던 기계는 (혼천의 / 옥루)이다.

4 예문에 알맞은 낱말을 빈칸에 쓰세요. [과학]

| 조선 후기의 지리학자인 | | | |가 만든| | | | | |
| 에는 산맥과 하천, 포구, 도로 등이 자세하게 표시되어 있어 오늘날의 지
도와 비교해도 큰 차이가 없을 정도로 정확해. |

측우기

측정

천상열차분야
지도

혼일강리역대
국도지도

대동여지도

곤여 만국 전도

천리경

자명종

거중기

혼천의

간의

대간의

혼천시계

앙부일구

자격루

옥루

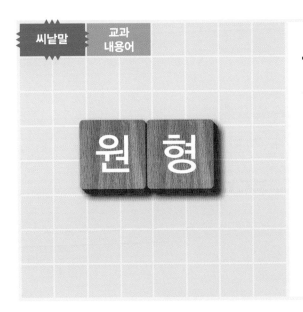

주변에서 원형을 찾아보세요

모두 **원형**! 온통 둥글어요.

우리 주변에서 둥근 원 모양을 찾아볼까요? 동전, 시계, 훌라후프, 자동차 바퀴 등 정말 많네요. 둥근 원 모양을 원형이라고 해요. 럭비공처럼 길쭉하게 둥근 모양은 타원형이에요. 얼핏 생각하면 우리말일 것 같은 원은 '둥글 원(圓)'이라는 한자어예요.

원(圓)과 관계된 낱말들

컴퍼스의 두 다리를 적당히 벌린 다음, 한쪽을 고정하고 다른 한쪽을 한 바퀴 빙 돌려 보세요. 둥근 도형이 그려지지요? 이 도형이 바로 원이에요. 원을 그릴 때

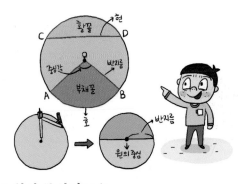

컴퍼스로 고정한 부분이 바로 원의 중심이고요.
이 원의 중심을 기준으로 원을 반으로 뚝 나누면 반원이고,
원의 중심에서 원둘레 위의 한 점까지의 거리는 원의 반지름이에요. 반지름은 원 안에서 무수히 많겠죠?
이 반지름을 쭉 이어 나가면 지름이고요.

圓	形
둥글 원	모양 형
둥근 원 모양	

- 원(圓)
둥근 모양이나 형태
- 타원형(楕길고 둥글 타 圓形)
길쭉하게 둥근 모양
- 컴퍼스(compass)
원을 그릴 수 있는 기구
- 원의 중심
원의 한가운데
- 반원
원의 중심을 기준으로 반으로 나눈 원의 절반
- 반(半반반)지름
원의 중심에서 원둘레 위의 한 점까지의 거리
- 지름
원의 중심을 지나면서 원둘레의 두 점을 잇는 선분

128

원둘레 위의 두 점을 이었지만 중심을 지나지 않았다면 현이에요.
원의 중심을 지나야만 지름이 되거든요.
원의 둘레는 원주, 원주의 일부분은 호예요. 호의 모양이 활처럼 굽은 것 같지 않나요? 호(弧)는 활을 뜻하거든요.
원의 두 반지름과 그 사이의 호로 둘러싸여 부채처럼 생긴 도형은 부채꼴이에요. 호와 현으로 이루어진 도형은 활꼴이고요.
활꼴은 멋진 부채꼴이 되지 못해서 서운할지도 몰라요. 이때 글자 끝에 붙은 '꼴'은 모양이라는 뜻이에요.
자, 원을 좀 더 멋있게 변신시켜 볼까요?
원이 기둥을 만나면 원기둥으로,
원이 원 밖의 뾰족한 점을 만나면 원뿔로 변신!
둘 다 입체 도형이 되었네요. 원은 마치 변신 로봇처럼 다양한 변신을 할 수 있지요.

원만, 온전함을 뜻하기도 하는 원(圓)

둥글둥글한 원처럼 긍정적인 의미를 가지는 낱말을 알아볼까요?
모든 일이 원활하다면 모난 데가 없이 잘되고 있다는 뜻이에요.
일이 순조롭게 진행되고 있을 때 원만하다고 말하기도 해요.
'원만하다'는 성격이 부드럽고 너그럽거나 서로 사이가 좋을 때도 쓰이지요.
또, 매우 익숙하거나 사람 됨됨이가 좋고 아는 것이 많을 때는 원숙하다는 표현을 쓰지요.

현(絃줄 현)
원둘레 위의 두 점을 이어 중심을 지나지 않는 선분

원주(圓 周둘레 주)
원의 둘레

호(弧활 호)
원주의 일부분

부채꼴
원의 두 반지름과 그 사이의 호로 둘러싸인 도형

활꼴
호와 현으로 이루어진 도형

원(圓)**기둥**
원이 기둥을 만나 만들어진 입체 도형

원(圓)**뿔**
원이 원 밖의 뾰족한 점을 만나 만들어진 입체 도형

원활(圓 滑미끄러울 활)
모난 데가 없이 잘되고 있음

원만(圓 滿가득할 만)**하다**
일이 순조롭게 진행됨, 성격이 부드럽고 너그러움, 서로 사이가 좋다

원숙(圓 熟익을 숙)**하다**
매우 익숙힘, 사람 됨됨이가 좋고 아는 것이 많다

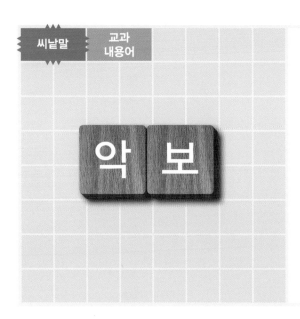

악보에도 기호가 있어

악 보

음성 좋고, 악보도 잘 읽고~.

오~

"♪ ♫ 아아아아아~♫ ♪" 우리는 악보를 보고 노래를 부르거나 악기를 연주해요. 악보는 기호를 써서 음악을 기록한 것이에요. 악보에 적힌 기호를 모른다면 노래를 부르거나 악기를 연주할 때 엉망진창이 될 거예요. 지금부터 하나씩 알아볼까요?

음악 기호를 나타내는 낱말

음악 악보의 다양한 기호들을 살펴보고 어떤 뜻인지 알아봐요.
도돌이표는 도돌이표 사이를 되풀이하라,
늘임표는 음을 2~3배 정도 죽 늘여라,
스타카토는 한 음씩 짧게 끊듯이 연주해라,
붙임줄은 두 음을 붙여서 마치 한 음처럼 이어서 연주해라,
이음줄은 부드럽게 이어서 연주하라는 기호이지요.
노래를 부르거나 악기를 연주할 때 너무 빠르거나 느리면 안 돼요.
악보의 첫머리에 있는 빠르기말을 보고, 빠르기를 따라야 해요.

Andante(안단테) : 조금 느리게	Moderato(모데라토) : 보통 빠르게
Largo(라르고) : 느리고 폭넓게	Allegro(알레그로) : 빠르게

樂 | 譜
연주할 악 | 적을 보

기호를 써서 음악을 기록한 것

- 도돌이표(標기호표)
- 늘임표(標)
- 스타카토
- 붙임줄
- 이음줄
- 빠르기말

악곡의 빠르기 정도를 표시하는 말

- 빠르기

악곡의 빠르고 느린 정도

- Andante(안단테)
- Moderato(모데라토)
- Largo(라르고)
- Allegro(알레그로)

악보 중간에 빠르기말이 있을 때도 있어요.
처음부터 끝까지 똑같은 빠르기가 계속되면 지루할 수 있어서 중간
에 변화를 주는 거예요. 중간에 Presto(프레스토)가 있다면 그 부분
부터 매우 빠르게 부르면 돼요.
음의 셈여림도 있어요. 셈여림표를 알아볼까요?
피아노는 여리게, 포르테는 세게라는 뜻인데, 앞에 메조가 붙으면
조금, 끝에 시모가 붙으면 매우라는 뜻이 더해지지요.
─◁(크레셴도)가 나오면 점점 세게, ▷─(데크레셴도)가 나오면
반대로 점점 여리게 연주하면 돼요.

> 피아노, 포르테…
> 잘 알아 둬야지.

pp	*p*	*mp*	*mf*	*f*	*ff*
피아니시모 매우 여리게	피아노 여리게	메조 피아노 조금 여리게	메조 포르테 조금 세게	포르테 세게	포르티시모 매우 세게

악보의 종류를 나타내는 낱말

음악을 기록하는 방법은 기보법이라고 해요.
다섯 개의 선에 음악을 기록한 악보는 오선보예요. 우리가 흔히 보
는 악보이지요. '우물 정(井)' 자 모양의 칸에 음악을 기록한 악보인
징간보도 있어요.
작곡을 하는 방법도 가지가지예요. 대위법은 둘 이상의 가락을 동
시에 결합해 작곡하는 방법이고, 12음 기법은 열두 개의 음을 골고
루 써서 작곡하는 방법이에요.

도돌이표   스타카토   붙임줄   빠르기말
안단테   프레스토   셈여림   피아니시모

씨낱말
블록 맞추기

원 형

1 공통으로 들어갈 낱말을 쓰세요.

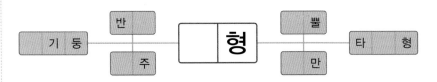

2 주어진 낱말을 넣어 문장을 완성하세요.

1) 반 / 타 원 형

길쭉하게 둥근 모양은 ☐☐☐ , 원의 중심을
기준으로 반으로 나눈 원의 절반은 ☐☐ 이다.

2) 반 지 름 / 름

원의 중심에서 원둘레 위의 한 점까지의 거리는
☐☐☐ , 원의 중심을 지나면서 원둘레의
두 점을 잇는 선분은 ☐☐ 이다.

3) 활 / 부 채 꼴

호와 현으로 이루어진 도형은 ☐☐ ,
원의 두 반지름과 그 사이의 호로 둘러싸인 도형은
☐☐☐ 이다.

4) 원 활 / 숙

모난 데가 없이 잘되고 있음은 ☐☐ ,
사람 됨됨이가 좋고 아는 것이 많은 것은 ☐☐ 이다.

3 문장에 어울리는 낱말을 골라 ○표 하세요.

1) (원주 / 지름)은(는) 반지름의 두 배 길이인 것 아니?

2) 원의 중심을 지나지 않게 원둘레 위의 두 점을 이었다면 (호 / 현)이 된다.

3) 원이 원 밖의 뾰족한 점을 만나서 이루어진 입체 도형은 (원뿔 / 원기둥)
   이에요.

원형
원
타원형
컴퍼스
원의 중심
반원
반지름
지름
현
원주
호
부채꼴
활꼴
원기둥
원뿔
원활
원만하다
원숙하다

씨낱말
블록 맞추기

악 보

1 [보기]의 낱말과 관련이 있으며, 기호를 써서 음악을 기록한 것을 뜻하는 낱말을 쓰세요.

보기

| 도 돌 이 표 | 스 타 카 토 |
| 안 단 테 | 크 레 센 도 |

2 주어진 낱말을 넣어 문장을 완성하세요.

1)

이
음
붙 임 줄

부드럽게 이어서 연주하라는 기호는 ☐☐☐,
두 음을 붙여서 마치 한 음처럼 이어서 연주하라는 기호
는 ☐☐☐이다.

2)

셈 여 림 표
여
림

음의 셈과 여림의 정도는 ☐☐☐,
셈여림을 표시한 기호는 ☐☐☐☐이다.

3 문장에 어울리는 낱말을 골라 ○표 하세요.

1) 여기에 (스타카토 / 도돌이표)가 있으니까 한 음씩 짧게 끊듯이 연주해.

2) (안단테 / 모데라토)가 있으니까 보통 빠르기로 연주하자.

3) 악보에 (크레센도 / 데크레센도)가 나오면 점점 세게 연주하면 돼.

4 예문에 알맞은 낱말을 빈칸에 쓰세요. [음악]

다섯 개의 선에 음악을 기록한 악보는 ☐☐☐이고, '우물 정
(井)' 자 모양의 칸에 음악을 기록한 악보는 ☐☐☐이다.

악보
도돌이표
늘임표
스타카토
붙임줄
이음줄
빠르기말
빠르기
Andante
(안단테)
Moderato
(모데라토)
Largo
(라르고)
Allegro
(알레그로)
Presto
(프레스토)
셈여림
셈여림표
pp (피아니시모)
p (피아노)
mp (메조 피아노)
mf (메조 포르테)
f (포르테)
ff (포르티시모)
크레센도
데크레센도
기보법
오선보
정간보
대위법
12음 기법

1)			4)		5)	6)		
2)		3)				8)		
					7)			
9)		11)						
10)								
				15)		16)		
12)		14)						
13)						17)		18)

정답 ┃ 143쪽

🔑 가로 열쇠

2) 명량 바다의 물살을 이용해 일본군을 크게 이긴 싸움
5) 물을 퍼붓듯 세차게 내리는 비. "비가 ○○같이 쏟아진다."
7) 농작물을 생산하는 일
8) 산들산들 시원하고 가볍게 부는 바람
10) 보슬보슬 가늘고 조용히 내리는 비
13) 김정호가 만든 우리나라 지도
15) 악보에서 ○○○○ 사이는 되풀이해서 연주함. ○○○표
17) 새 세대, 젊은 세대. 구세대 ↔ ○○○

🔑 세로 열쇠

1) 저절로 종이 울리는 시계
3) 대자연의 넓고 큰 땅
4) 재빠르고 날쌤
6) 바다나 강에서 나는 생물에 관련된 산업
9) 기호를 써서 음악을 기록한 것
11) 돌아가신 어머니. 선친 ↔ ○○
12) 어린아이가 성장하여 부모처럼 일을 할 때까지의 약 30년 정도 되는 기간. ○○ 차이, ○○ 교체
14) 원의 중심에서 원둘레 위의 한 점까지의 거리, 지름의 반
16) 임진왜란 때 바다를 지켰던 조선 시대의 장군
18) 남을 대신하여 행함

1 다음 중 두 낱말의 관계가 <u>다른</u> 하나는? (   )

① 과제 : 숙제   ② 답변 : 응답   ③ 대립 : 반대

④ 동의 : 합의   ⑤ 웅화 : 자화

2 밑줄 친 부분을 가장 적절한 한자어로 대체한 것은? (   )

① 여기서부터 <u>여러 갈래의</u> 길이 나온다. → 多讀(다독)

② 일본엔 <u>크기를 작게 줄이는</u> 기술이 발달했다. → 超小(초소)

③ 여기 <u>모인</u> 사람들은 거의 모두 다 찬성입니다. → 大衆(대중)

④ 지렁이는 <u>암수의 기관이 하나의 몸에 다 있다.</u> → 雌雄異體(자웅이체)

⑤ 네 머리 모양이 어디 비할 데 없이 심하게 <u>변했나.</u> → 變化無雙(변화무쌍)

3 밑줄 친 낱말의 뜻이 바르지 <u>않은</u> 것은? (   )

① 제주는 예로부터 <u>삼다도</u>라 불렸다. → 바람, 돌, 여자가 많은 섬

② 컴퓨터는 이제 <u>극소형으로까지</u> 발전하고 있다. → 지극히 작은 것

③ 어떤 일이든 <u>초석</u>을 잘 놓는 게 중요하다. → 식초를 발라 놓아둔 돌

④ 환경 보호를 위해 단순하고 소박한 삶을 <u>생활화</u>하자. → 생활 습관이 되
   게 함

⑤ 별일도 아닌 것을 <u>침소봉대</u>하지 마라. → 바늘처럼 작은 것을 몽둥이처
   럼 크다고 과장하는 것

4 괄호 안의 한자가 바르지 <u>않은</u> 것은? (   )

① 대(大)략   ② 석(石)불   ③ 왜소(小)

④ 근대화(花)   ⑤ 호사다(多)마

5 밑줄 친 낱말에 대한 설명이나 맥락으로 적절치 <u>않은</u> 것은? (   ) KBS 한국어능력시험형

① 더러운 걸 깨끗하게 하는 것을 <u>정화</u>라고 해.

② 여긴 물건을 작은 단위로 쪼개서 파는 <u>소매점</u>이야.

③ 살아 있는 것이 죽어서 딱딱하게 되면 <u>광석</u>이 된다고.

④ <u>근소한</u> 차이로 이겼다는 말은 아주 작은 차이가 났다는 말이야.

⑤ <u>대범</u>하다는 건 사소한 것에 얽매이지 않고 마음이 아주 넓다는 뜻이야.

6 〈보기〉의 빈칸에 알맞은 말을 바르게 쓴 것은? (   ) 수학능력시험형

> ┌〈보기〉─────────
> (가) 순(順)은 차례 또는 질서를 의미할 때와 무언가를 따르거나 양순하다는 뜻
>   을 담고 있는 한자어입니다. 어순, 획순 등에서 쓰이지요. 같은 뜻으로 차
>   례차례 돌아가는 순서라는 뜻의 (   )(이)라는 단어에도 쓰입니다.
> (나) 무언가를 따르거나 양순하다는 뜻을 담고 있는 단어로는 순리, 순응 등
>   이 있습니다. 이런 뜻으로 쓰인 단어로 (   )이 있습니다. 성질이나
>   마음씨가 따뜻하고 순하다는 뜻이지요.

① (가) 순번   (나) 온순   ② (가) 서열   (나) 온순

③ (가) 순번   (나) 순산   ④ (가) 서열   (나) 순산

⑤ (가) 순번   (나) 순풍

7 문맥에 맞는 낱말을 <u>잘못</u> 선택한 것은? (   ) 수학능력시험형

① 여기는 금연 (<u>구역</u> / 구획)입니다.

② 학교에 밴드 동아리가 새로 (<u>조직</u> / 직조)되었어.

③ 여야는 서로 (<u>상충</u> / 상당)하는 법안을 내놓고 있다.

④ 백 년 만에 처음으로 피아노의 (귀재 / <u>아귀</u>)를 만났다.

⑤ 동서남북이 헷갈려서 도무지 (<u>방위</u> / 순위)를 알 수 없어.

8 〈보기〉의 밑줄 친 (가) ~ (라)에 들어갈 낱말로 모두 옳은 것은? (   )   국어능력인증시험형

〈보기〉
아름다움을 표현하는 말에는 대부분 미(美)가 숨어 있습니다. 나무와 풀 그리고 강과 바다가 주는 (가)(   ), 사람들이 만들어 낸 아름다운 (나)(   )도 있지요. 조각이나 건축 등의 미술품에서는 형상의 아름다움인 (다)(   )가 잘 표현되지요. 서구에서는 수묵화나 도자기 등 서양에서는 볼 수 없는 특색을 지닌 (라)(   )에 대한 관심이 커지고 있다고 해요.

① (가) 동양미   (나) 자연미   (다) 인공미   (라) 조형미
② (가) 자연미   (나) 인공미   (다) 조형미   (라) 동양미
③ (가) 인공미   (나) 조형미   (다) 동양미   (라) 자연미
④ (가) 조형미   (나) 동양미   (다) 자연미   (라) 인공미
⑤ (가) 자연미   (나) 조형미   (다) 동양미   (라) 인공미

9 한자와 그 뜻이 바르지 않게 짝지어진 것은? (   )   한자능력시험형

① 意 - 뜻   ② 解 - 풀다   ③ 區 - 구분하다
④ 美 - 아름다움   ⑤ 組 - 흩뜨리다

10 다음 〈보기〉 문장 중 한자로 고친 것이 틀린 것은? (   )   한자능력시험형

〈보기〉
시나 노래 등에 응해서 대답하는 것을 (가)화답이라고 합니다. 식장 등에서 환영하는 말에 대해 회답을 하는 (나)답사도 있습니다. 여기서 (다)회답은 돌아오는 답이라는 뜻입니다. (라)답례는 조금 점잖은 말이에요. 남에게 받은 예를 갚는다는 뜻입니다. 돌아오는 답은 (마)답장이라고 합니다.

① (가) 和答   ② (나) 答思   ③ (다) 回答
④ (라) 答禮   ⑤ (마) 答狀

⑪ 밑줄 친 부분을 적절한 낱말로 대체하지 않은 것은? (　　)

① 우리 편이 먼저 공격했다. → 선공

② 저곳이 배를 만드는 곳입니다. → 조선소

③ 지금 바로 이 순간의 느낌에 주목해 봐. → 현재

④ 사람들이 살고 있는 곳은 항상 북적인다. → 세상

⑤ 반대만 하지 말고 대신하는 의견을 내 봐. → 대리

⑫ 밑줄 친 낱말의 뜻이 바르지 않은 것은? (　　)

① 아이고, 내 신세야! → 세상에 있는 내 처지

② 접수는 선착순으로 받겠습니다. → 먼저 도착한 순서

③ 산소 근처에 할미꽃이 많이 피어나고 있었다. → 산에서 기르는 소

④ 사건의 범인이 현직 경찰로 밝혀져 충격을 주고 있다. → 현재의 직업

⑤ 피나는 훈련의 결과 국가대표 선수가 되었다. → 전체 상태나 성질을 잘 나타낼 수 있는 사람이나 물건

⑬ 〈보기〉의 빈칸에 알맞은 낱말을 바르게 짝 지은 것은? (　　)

┌─〈보기〉─────────────────────────────
조선 시대 세종 대왕은 농사에 도움이 되고자 내린 비의 양을 아는 것이 중요
하다고 생각했다. 그리하여 그가 만들어 낸 것이 바로 (가)(　　　)(이)다.
빗물을 재는 그릇이라는 뜻이다. 조선 후기 정약용은 도르래의 원리를 이용
하여 무거운 물건을 번쩍 들어 올릴 수 있는 (나)(　　　)을(를) 만들어 산성
을 쌓는 데에 실제 활용하기도 했다.
└───────────────────────────────────

① (가) 측우기　(나) 거중기　　② (가) 천리경　(나) 거중기

③ (가) 측우기　(나) 자명종　　④ (가) 천리경　(나) 자명종

⑤ (가) 측우기　(나) 혼천의

⑭ 밑줄 친 낱말에 대한 설명이나 맥락이 적절하지 않은 것은? (   )　　　KBS 한국어능력시험형

① 동물에게는 동물만의 세계가 있다.

② 느낀 바로써 소원은 무척 우울하고 슬픕니다.

③ 한 분야에서 가장 앞선 사람을 선구자라고 해.

④ 현금 말고 실제 물건인 현물로 결제해도 괜찮습니다.

⑤ 모임에서 처음 회장으로 뽑혔으니, 초대 회장이 되신 겁니다.

⑮ 문맥에 맞는 낱말을 잘못 선택한 것은? (   )　　　수학능력시험형

① 성공에 이르는 (대첩 / 첩경) 따위는 없다.

② 비늘 구멍으로 (실바람 / 황소바람) 들어온다.

③ (가랑비 / 장대비)에 옷 젖는 줄 모르고 돌아다녔다.

④ 어머니는 물건을 실어 나르는 (운송업 / 창고업)에 종사하신다.

⑤ 중간에 프레스토(Presto)가 나오면 매우 (느리게 / 빠르게) 연주하면
　 된다.

⑯ 〈보기〉의 밑줄 친 (가) ~ (다)에 들어갈 낱말로 옳은 것은? (   )　　　수학능력시험형

> ──〈보기〉──
> 원의 중심을 기준으로 하여 반으로 뚝 나누면 (가)(　　　)이(가) 된다. 원의
> 중심에서 원둘레 위의 한 점까지의 거리는 원의 (나)(　　　)이다. 이것은 하
> 나의 원 안에서 무수히 많다. 이것을 쭉 이어나가면 (다)(　　　)이 된다.

① (가) 반원　(나) 반지름　(다) 지름

② (가) 원주　(나) 반지름　(다) 지름

③ (가) 반원　(나) 지름　　(다) 반지름

④ (가) 원주　(나) 원기둥　(다) 원뿔

⑤ (가) 반원　(나) 부채꼴　(다) 활꼴

톡톡 문해력 기사문 **다음 기사문을 읽고, 문제를 풀어 보세요.**

> 아울이에게
> 잘 지내고 있지? 나도 잘 지내고 있어.
> 네가 전국 글쓰기 대회에서 대상을 받았다는 소식을 듣고 정말 기뻤어.
> 드디어 소설가라는 네 꿈을 향해 첫발자국을 내디뎠네.
> 훌륭한 소설가가 되려면 무엇을 해야 할까? 무엇보다 다독을 해야 하겠지.
> 다양한 분야의 책을 많이 읽으면 큰 도움이 될 거야.
> 아울아, 우리나라에서 처음으로 노벨 문학상을 받은 한강 작가에 대해서 들어 봤지.
> 한강 작가는 수많은 책을 읽고, 늘 꾸준하게 글을 썼다고 하더라.
> 아울이도 매일매일 책을 읽고 글쓰기 연습을 게을리하지 않았으면 좋겠다.
> 그러면 한강 작가처럼 좋은 작가가 될 수 있을 거야.
> 아침저녁으로 쌀쌀해졌어. 감기 조심해라.
>
> 20○○년 ○월 ○○일
> 아울이를 항상 응원하는 선생님이

1 **이 편지는 누가 누구에게 쓴 것인가요?**

---

2 **글쓴이가 편지를 쓴 까닭을 쓰세요.**

---

3 **훌륭한 소설가가 되려면 무엇을 해야 한다고 했나요?**

---

4 **나의 꿈에 대해서 써 보세요.**

톡톡 문해력 견학 기록문   다음 견학 기록문을 읽고, 문제를 풀어 보세요.

지난 목요일에 우리 반은 충청남도 아산시에 있는 현충사로 현장 학습을 다녀왔다. 우리는 아침 일찍 학교에 모여 관광버스를 타고 현충사로 출발했다. 현충사까지 가는 길에는 황금빛 논이 양옆으로 펼쳐져 있었고, 길가에 늘어선 벚나무 잎은 울긋불긋했다.

1시간쯤 지나서 현충사에 도착했다. 정문 앞으로 난 길을 쭉 따라가니 한글로 '현충사'라고 쓰인 사당이 나왔다. 사당에는 이순신 장군의 초상화가 있었다. 나는 눈을 감고 "우리나라를 지켜 주셔서 감사합니다." 하고 감사의 인사를 드렸다.

사당에서 나온 우리는 '충무공이순신기념관'으로 가서 이순신 장군과 임진왜란에 관련된 유물을 보았다. 그중 이순신 장군의 큰 칼이 가장 기억에 남는다. 실감 영상실에서 본 명량 대첩 영상도 멋있었다. 12척의 배로 300척의 일본 수군을 무찌른 명량 대첩이 바로 내 눈앞에서 펼쳐지는 것 같았다.

오늘 현충사를 다녀와서 임진왜란과 이순신 장군에 대해서 많은 것을 알게 되었다. 목숨을 걸고 우리나라를 지키신 이순신 장군에게 큰 고마움을 느꼈다.

1 글쓴이는 어디를 다녀와서 이 글을 썼나요?

----

2 글쓴이가 사당에서 본 것은 무엇인가요?

----

3 글쓴이가 실감 영상실에서 본 것은 무엇인가요?

----

4 글쓴이는 현충사를 다녀와서 무엇을 느꼈나요? (   )

① 고마움   ② 슬픔   ③ 절망   ④ 분노

정답

1장 씨글자

大 큰 대 | 10~11쪽
1. 大
2. 1) 대변 2) 대군 3) 과대 4) 위대 5) 대부분
3. 1) 대장부 2) 위대 3) 대범 4) 과대 5) 대군
4. 1) 대폭발 2) 대략 3) 공명정대
5. ④
6. 1) 대 2) 소 3) 대 4) 소 5) 대 6) 소

小 작을 소 | 16~17쪽
1. 小
2. 1) 소규모 2) 소형 3) 축소 4) 소소 5) 소심
3. 1) 왜소 2) 소심 3) 소매점 4) 초소형 5) 소포
4. 1) 소금강 2) 축소판 3) 소포 4) 소가족 5) 협소
5. ②
6. 축소판

多 많을 다 | 22~23쪽
1. 多
2. 1) 다독 2) 다수결 3) 다재다능 4) 다기 5) 다종
3. 1) 다방면 2) 다산 3) 파다 4) 잡다 5) 삼다도
4. 1) 다복 2) 다독상 3) 다사다난 4) 다방면 5) 최다 득표
5. ③
6. 최다, 근소 , 최소

암수 | 28~29쪽
1. 암, 수
2. 1) 암꽃 2) 수꽃 3) 암컷 4) 수컷 5) 자웅
3. 1) 수술 2) 암술 3) 암나무 4) 수나무 5) 자화 6) 웅화
4. 1) 암컷 2) 암나무 3) 수톨쩌귀 4) 자웅동체 5) 자웅동주
5. 자웅
6. 1) 암, 수 2) 암, 수

化 될 화 | 34~35쪽
1. 化
2. 1) 미화 2) 순화 3) 부화 4) 훈화 5) 심화
3. 1) 교화 2) 정화 3) 강화 4) 부하 5) 소화
4. 1) 개화 2) 심화 3) 강화 4) 도시화 5) 변화
5. 생활화
6. 1) 개화 2) 근대화

石 돌 석 | 40~41쪽
1. 石
2. 1) 석재 2) 석공(석수) 3) 석조 4) 채석장 5) 초석
3. 1) 목석 2) 운석 3) 화석 4) 탄생석 5) 보석
4. 1) 석탑 2) 석기 시대 3) 화석
5. 1) 망주석 2) 상석 3) 비석
6. 1) 석굴암 2) 망주석

씨낱말

문제 | 46쪽
1. 문제
2. 1) 의문, 반문 2) 과제, 난제 3) 숙제, 주제
3. 1) 숙제 2) 질문 3) 난제 4) 고문 5) 검문

해답, 대답 | 47쪽
1. 답
2. 1) 해답, 답장 2) 답안, 정답 3) 문답, 명답
3. 1) 정답 2) 답변 3) 응답 4) 답사 5) 답례

순서 | 52쪽
1. 순
2. 1) 순서, 질서 2) 식순, 순번 3) 순응, 순종 4) 온순, 순산
3. 1) 순번 2) 순종 3) 서열 4) 어순 5) 획순

주의 | 53쪽
1. 주의
2. 1) 주사, 주의 2) 주유소, 주유 3) 주문, 주시 4) 합의, 유의
3. 1) 주의 2) 주시 3) 의도적 4) 주문 5) 동의

미술 | 58쪽
1. 미
2. 1) 미소, 미인 2) 육체미, 남성미 3) 인공미, 자연미 4) 미술, 동양미
3. 1) 여성미 2) 각선미 3) 입체미 4) 미인 5) 미학

상대 | 59쪽
1. 상대
2. 1) 대립, 상대 2) 상호, 상충 3) 대책, 대처 4) 반대, 대등
3. 1) 대비 2) 대등 3) 상대 4) 대조 5) 대책

구분 | 64쪽
1. 구분
2. 1) 구분, 구역 2) 분화, 세분 3) 부분, 성분 4) 분석, 분야
3. 1) 구역 2) 분석 3) 분포 4) 분리 5) 구청

위치 | 65쪽
1. 위치
2. 1) 상위, 하위 2) 왕위, 재위 3) 위상, 위계 4) 도치, 대치
3. 1) 배치 2) 위치 3) 조치, 처치 4) 대치

조직 | 70쪽
1. 조직
2. 1) 조원, 조장 2) 조직적, 조직력 3) 직녀, 직물 4) 모직물, 면직물
3. 1) 조직 2) 조장 3) 조립 4) 견직물

귀신 | 71쪽
1. 귀신
2. 1) 악귀, 아귀 2) 귀재, 흡혈귀 3) 신선, 신전 4) 신단수, 신화
3. 1) 귀재 2) 신선 3) 신동

어휘 퍼즐 | 72쪽

2장 씨글자

地 땅 지 │78~79쪽

1. 地
2. 1) 오지 2) 지구본(지구의) 3) 택지 4) 지뢰 5) 지하
3. 1) 평지 2) 산지 3) 벽지 4) 분지 5) 지하
4. 1) 부지 2) 황무지 3) 졸지 4) 불모지 5) 지구본
5. 대명
6. 1) 분지 2) 지평선 3) 지구 4) 지진

所 장소 소 │84~85쪽

1. 所
2. 1) 묘소 2) 소재지 3) 주소 4) 소속 5) 소득
3. 1) 발전소 2) 조선소 3) 휴게소 4) 주유소 5) 장소
4. 1) 소유 2) 소지 3) 소원
5. ③
6. 1) 소문 2) 소견 3) 소감 4) 소신

現 지금 현 │90~91쪽

1. 現
2. 1) 현존 2) 현금 3) 구현 4) 현상 5) 현주소
3. 1) 현재 2) 현실 3) 현행범 4) 현업 5) 현대
4. 1) 출현 2) 현금 3) 현황 4) 현상
5. 현몽, 표현, 현세
6. 1) 입출금기
   2) 재현
   3) 현물 거래
   4) 헌재

직	재	생	남	부	입
터	소	현	신	두	출
불	합	물	미	사	금
대	인	기	성	소	기
안	담	행	구	집	회
진	충	현	재	기	단

先 먼저 선 │96~97쪽

1. 先
2. 1) 선약 2) 선발대 3) 선착 4) 선두 5) 선구자
3. 1) 선산 2) 선배 3) 선착순 4) 선발 5) 선왕
4. 1) 선제공격 2) 순국선열 3) 선점 4) 선견지명 5) 후발대
5. 1) 선발 2) 선착순 3) 선지급 4) 선두

世 세상 세 │102~103쪽

1. 世
2. 1) 세상만사 2) 구세대 3) 세대교체 4) 속세 5) 세습
3. 1) 세상 2) 신세 3) 세계 대전 4) 세계 유산 5) 세대
4. 1) 자세대 2) 신세 3) 세태 4) 세상살이 5) 속세
5. 1) 세상모르고, 출세 2) 세대 차이
6. ③

代 대신할 대 │108~109쪽

1. 代
2. 1) 대가 2) 대역 3) 대안 4) 대행업 5) 시대
3. 1) 대표 2) 대리 3) 시대 4) 현대 5) 대안
4. 1) 태평성대 2) 시대 3) 십 대 4) 역대 5) 대표
5. 대신, 대신
6. 1) 십 대 2) 삼대

씨낱말

폭우 │114쪽

1. 우
2. 1) 여우비, 안개비 2) 측우기, 강우량 3) 우산, 우의
3. 1) 호우 2) 가랑비 3) 억수 4) 강우량

폭풍 │115쪽

1. 풍
2. 1) 육풍, 해풍 2) 방풍림, 태풍
3. 1) 계절풍 2) 황소바람 3) 풍향계

4. 풍향, 풍속, 풍향 풍속계

산업 │120쪽

1. 업
2. 1) 농업, 목축업 2) 낙농업, 임업 3) 공업, 광업
3. 1) 낙농업 2) 유기 농업 3) 고랭지 농업
   4) 1차 산업 5) 건설업

상업 │121쪽

1. 업
2. 1) 운송업, 유통업 2) 운수업, 창고업
3. 1) 관광업 2) 문화 산업 3) 3차 산업
4. 첨단 산업, 첨단

대첩 │128쪽

1. 대첩
2. 1) 행주 대첩, 살수 대첩 2) 귀주 대첩, 진주 대첩
   3) 민첩, 첩경
3. 1) 행주 대첩 2) 진주 대첩 3) 한산도 대첩 4) 민첩

측우기 │129쪽

1. 측우기
2. 1) 혼천시계 2) 앙부일구 3) 자격루
3. 1) 곤여만국전도 2) 거중기 3) 혼천의
4. 김정호, 내동여지도

원형 │132쪽

1. 원
2. 1) 타원형, 빈원 2) 반지름, 지름 3) 활꼴, 무재쏠 4) 원활, 원숙
3. 1) 지름 2) 현 3) 원뿔

악보 │133쪽

1. 악보
2. 1) 이음줄, 붙임줄 2) 셈여림, 셈여림표
3. 1) 스타카토 2) 모데라토 3) 크레셴도
4. 오선보, 정간보

어휘 퍼즐 │134쪽

자		민		억	수	
병	랑	대	첩	산	들	바람
종		지		농	업	
악		선				
보	슬	비				
				도	돌	이 표
						순
세		반				
대	동	여	지	도		신 세 대
		름				행

종합문제 │135~139쪽

1. ⑤ 2. ⑤ 3. ④ 4. ④ 5. ③ 6. ① 7. ② 8. ② 9. ⑤ 10. ②
11. ⑤ 12. ③ 13. ① 14. ② 15. ⑤ 16. ①

문해력 문제 │140~141쪽

1. 선생님이 아울이에게
2. 아울이가 전국 글쓰기 대회에서 대상을 받은 것을 축하해 주려고
3. 다독을 해야 한다.
4.

> 예 나는 인공 지능을 연구하여 사람들의 생활을 편리하게 만들 것이다.

1. 현충사 2. 이순신 장군의 초상화 3. 명량 대첩의 영상 4. ①

집필위원

정춘수　권민희　송선경　이정희　신상희　황신영　황인찬　안바라
손지숙　김의경　황시원　송지혜　한고은　김민영
강유진　김보경　김보배　김윤철　김은선　김은행　김태연　김효정
박 경　박선경　박유상　박혜진　신상원　유리나　유정은　윤선희
이경란　이경수　이소영　이수미　이여신　이원진　이현정　이효진
정지윤　정진석　조고은　조희숙　최소영　최예정　최인수　한수정
홍유성　황윤정　황정안　황혜영

문해력 잡는 초등 어휘력 C-1 단계

글 손지숙 권민희 이정희 황시원
그림 쌈팍 서춘경
기획 개발 정춘수

1판 1쇄 인쇄 2025년 1월 16일
1판 1쇄 발행 2025년 1월 31일

펴낸이 김영곤　펴낸곳 ㈜북이십일 아울북
프로젝트2팀 김은영 권정화 김지수 이은영 우경진 오지애 최윤아
아동마케팅팀 명인수 손용우 양슬기 이주은 최유성
영업팀 변유경 한충희 장철용 강경남 김도연 황성진
표지디자인 박지영 임민지

출판등록 2000년 5월 6일 제406-2003-061호
주소 (우 10881) 경기도 파주시 문발동 회동길 201
연락처 031-955-2100(대표) 031-955-2122(팩스)
홈페이지 www.book21.com

ⓒ (주)북이십일 아울북, 2025

ISBN 979-11-7357-051-3
ISBN 979-11-7357-036-0 (세트)

• 제조자명 : (주)북이십일　• 제조연월 : 2025. 01. 31.
• 주소 : 경기도 파주시 회동길 201(문발동)　• 제조국명 : 대한민국
• 전화번호 : 031-955-2100　• 사용연령 : 3세 이상 어린이 제품